智元微库
OPEN MIND

成长也是一种美好

THE PERSUASION CODE

HOW NEUROMARKETING CAN HELP YOU PERSUADE ANYONE, ANYWHERE, ANYTIME

销售脑科学

洞悉顾客，快速成交

[美] 克里斯托弗·莫林（Christophe Morin） ◎著
帕特里克·任瓦茨（Patrick Renvoise）

李婷婷 / 施芒素 ◎译

人民邮电出版社

北京

图书在版编目（CIP）数据

销售脑科学：洞悉顾客，快速成交 /（美）克里斯
托弗·莫林（Christophe Morin），（美）帕特里克·任
瓦茨（Patrick Renvoise）著；李婷婷，施芒素译. --
北京：人民邮电出版社，2021.11
ISBN 978-7-115-53288-6

Ⅰ. ①销… Ⅱ. ①克… ②帕… ③李… ④施… Ⅲ.
①市场营销学 Ⅳ. ①F713.50

中国版本图书馆CIP数据核字(2020)第045894号

◆ 著　　　[美] 克里斯托弗·莫林（Christophe Morin）

　　　　　[美] 帕特里克·任瓦茨（Patrick Renvoise）

　译　　　李婷婷　施芒素

　责任编辑　王振杰

　责任印制　周昇亮

◆ 人民邮电出版社出版发行　　　北京市丰台区成寿寺路 11 号

　邮编 100164　　电子邮件 315@ptpress.com.cn

　网址 https://www.ptpress.com.cn

　涿州市京南印刷厂印刷

◆ 开本：720×960　1/16

　印张：18.25　　　　　　　　　　　2021 年 11 月第 1 版

　字数：228 千字　　　　　　　　　2025 年 9 月河北第 4 次印刷

　著作权合同登记号　图字：01-2018-8760 号

定　价：69.80 元

读者服务热线：（010）67630125　印装质量热线：（010）81055316
反盗版热线：（010）81055315

为什么要读这本书

也许你还没意识到，每天你都在试图创造信息去说服别人。它可能是你日常发送给同事、朋友或客户的一封邮件，也可能是你参与制作的一个广告、网页、公司视频或销售演示用的幻灯片。这些成果其实都需要投入认知努力和金钱。然而，你是否好奇过这些说服信息是如何对大脑产生影响的呢？它们真的能吸引别人的注意力吗？真的能触发受众头脑中的"购买按钮"（见图 0-1）吗？

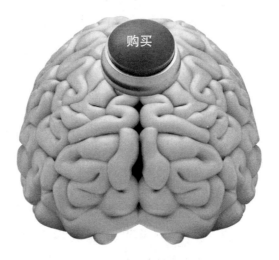

图 0-1　购买按钮

本书将帮你认识到其实多数说服努力对人们产生不了什么影响。我们每天面对大量说服性信息，但其中 99% 都被忽略了。这一现象就像将水泼到我们的大脑上，结果是水会全部流失（见图 0-2）。但是，你将从本书了解到的说服密码是一个经过了验证的有效策略，它能确保你的信息真正进入受众的大脑。

图 0-2　泼溅的效果

简单来讲，本书的目的就是帮助你运用先进的销售脑科学制定适合大脑接收的信息，使你能够有效地说服他人。

本书是我们撰写的《销售脑：如何按下消费者大脑中的"购买按钮"》（ *Neuromarketing: Understanding the "Buy Buttons" in Your Customer's Brain* ）一书的续篇。在《销售脑：如何按下消费者大脑中的"购买按钮"》中，我们首次将"神经营销"这个术语介绍给大家。从那时起，神经营销开始成为研究说服性信息对大脑的影响的新兴领域。尽管撰写第一本书的过程非常不易，但是我们最终取得了成功，那本书在全球范围内一共售出了 15 万本。

《销售脑：如何按下消费者大脑中的"购买按钮"》出版几个月后，我们成立了一个神经营销机构，将其命名为"销售脑"（SalesBrain）。销售脑成为世界上第一个致力于将获得专利的神经营销模式——神经地图（NeuroMap）运用到培训、研究、教练和创新服务中的机构。从 2002 年到现在，全球范围内接受过神经地图培训的经理人超过 20 万，其中 15 000 多人为首席执行官（CEO）。在销售脑的帮助下，800 多家企业利用开创性神经营销策略，加速销售循环，赢得战略性交易，确保它们的网站、宣传册、演示幻灯片、公司视频等信息资源取得了最佳宣传效果。我们的许多客户，比如雅芳、环联（TransUnion）、贝宝、西门子、通用电气、爱普生、日立（还有许多大名鼎鼎、如雷贯耳的企业，我们在此无法透露它们的名字），都是所属行业的领军者。它们拥有优秀的市场营销团队，在营销方面投入了大量资金。除此之外，许多中小企业也是我们的用户，它们在营销方面的投入有限，营销团队也不算强大，但是，通过运用神经地图，它们建立了明显的优势。这就是为什么我们认为神经地图是科学的说服模式，它可以帮助我们解释并完善信息，最终促使用户做出购买决策。

神经地图的建立基于原始大脑对人们购买决策的控制。原始大脑是众多大脑结构中最古老的系统（见图 0-3）。原始大脑负责管理人体关键的内部状态，控制注意力和情绪，解决与生存相关的优先问题，而这些活动都是在潜意识中进行的。你可以把原始大脑想象成计算机的操作系统，它是一套基础设备，控制大脑的输入和输出。正如大多数计算机使用者不会更换他们的操作系统，你也无法真正重置你的原始大脑。大部分购买决策是由人的理性大脑负责做出的。理性大脑是大脑中最年轻的部分，也是演化更多的部分。你可以把它想象成头脑中最新的办公系统。理性大脑就像一套强化版的应用，你可以终生学习、更换或者升级。

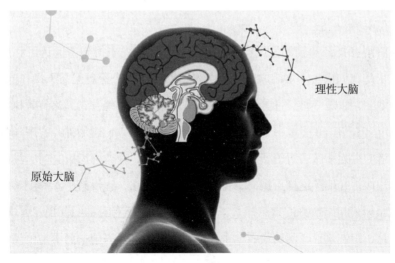

图 0-3　原始大脑和理性大脑

为了调节原始大脑，我们要消耗更高级别的认知资源。从某些角度看，测量两个大脑系统的活动就是要解码营销或广告的刺激对整个大脑的作用。

令人吃惊的是，说服不是由理性大脑控制的，而是由原始大脑主导的。原始大脑在大多数情况下几乎是无意识的，也与人们的语言能力没什么关联——在我们使用语言交流之前，它就已经形成了。

最近几十年，有研究者才慢慢揭示了原始大脑主导决策的过程。其中广受赞誉的研究者有丹尼尔·卡尼曼（Daniel Kahneman）、理查德·塞勒（Richard Thaler）（两人分别在 2002 年和 2017 年获得诺贝尔经济学奖）以及丹·艾瑞里（Dan Ariely）、约翰·巴奇（John Bargh）和大卫·伊格曼（David Eagleman）等。本书将复杂的决策神经科学纳入一个已经得到验证的模式中，你可以快速应用这个模式去影响受众的原始大脑，这种方法简单但科学。

虽然人们热衷基于大脑的营销，但是神经营销行业的规模相对较小。保守估计其价值接近 1 亿美元。然而，最近的研究显示，市场营销从业者计划将全部营销预算的 10%~20% 用于改进神经营销的工具和方法。仅在美国，市场调查行业就有 200 亿美元的业务，这意味着近几年神经营销研究服务拥有 20 亿~40 亿美元的潜在市场。[1]

尽管现在神经营销的发展已经较为成熟，但它尚未得到普遍认可和广泛应用。这正是我们撰写本书的原因所在。本书将介绍一个深奥但易于操作的方法，即神经地图，它是一种经过验证的说服模式，能确保神经营销策略有效执行。在过去 10 年里，有 60 多本书讨论过神经科学的价值，它们运用神经心理学数据解析消费者的行为和广告对消费者产生的影响。然而，在本书出版之前，没有一本书展示过像神经地图这样可操作、可测量价值的方法，也没有一本书能够应用科学的说服模式指导信息制定策略。本书的目标是让读者对神经营销、科学说服、销售信息、广告效果、网站改版、销售演示等领域产生兴趣，而不是仅仅满足于了解神经营销的基础知识。我们希望帮助你快速掌握书中的方法，并从中受益。

为了实现这个目标，我们不仅在神经地图的理论框架方面提供了全面的、科学的论据；还提供实用的、循证的指南，帮助你学习应用我们的说服模式。一旦掌握了神经地图的理论和操作方法，你就能制定并传递有效的信息，使语言更具说服力。在《销售脑：如何按下消费者大脑中的"购买按钮"》中，我们极少引用案例研究，提供的参考文献也十分有限，而本书的参考文献达数百篇，其中既包括很多新研究和从未发表过的资料，也有许多著名的成功案例。在过去的 16 年里，数百家客户从神经地图方法中获益。本书的目的不只是告诉你一个行之有效的、基于大脑研究的说服模式，还会启发和指导你创造自己的成功故事。

总之，本书将会在以下几个方面帮助你。

- 从大量有关大脑的研究成果中获得新价值，并将其轻松应用到市场营销、销售和交流活动中。
- 认识到注意力、情绪、记忆和决策等大脑活动如何影响消费者的购买决策。
- 理解主导说服过程、影响购买决策的是原始大脑（处于进化过程的早期阶段，主管人类本能的、关乎生存的行为）而不是理性大脑（较新进化的认知层面）。
- 了解原始大脑的工作原理。这样即使你没有心理学或神经科学的背景知识，也可以透彻地理解说服的复杂过程。
- 发现科学研究、客户案例，学习风险评估技能，快速解释大脑的说服策略是如何传递实用、可预测、可测量的结果的。

本书分为三个部分，分别介绍说服科学、说服理论和说服过程。

前五章由克里斯托弗·莫林博士撰写，主要介绍说服和神经地图的科学基础以及说服过程的第一步——诊断痛苦。

其余部分由帕特里克·任瓦茨撰写，主要介绍利用信息进行说服的三个步骤，分别是将你的产品特点主张差异化、展示收益、向原始大脑传递信息。帕特里克使用了大量案例和故事向我们展示该如何运用神经地图——无论你是要销售牙刷这样的简单商品，还是要销售价值数百万美元的解决方案，都能使用它。如果你只想知道该怎么做（第三部分），你可以先阅读引言部分。

另外，所有章节都将为你提供破译"说服密码"的方法。

目录

01 第一部分 5

解码说服科学

消费者的需求并非如他们所说，因此，你需要借助神经科学来洞察他们的真正需求。神经地图是非常好用的工具，你不需要成为神经科学家，就可以用它来测量人们无意间对信息做出的反应，这将帮助企业准确衡量营销资金的投资回报率，并让组织及组织成员更快地成长。

02 第二部分 41

解码说服理论

要让说服有效，就需要用各种信息刺激人们的原始大脑。神经地图提供了6种高效的刺激方式，即切身刺激、反差刺激、可感刺激、易记刺激、可视刺激和情绪刺激。运用这6种刺激，你的信息就可以获得最佳说服路径。在投放信息前，你可以运用附录中的评分工具，快速核算信息得分，并根据结果优化信息。

I

03
第三部分
107

解码你的说服过程

要真正实现说服，你需要做四步准备：诊断痛苦，将你的产品特点主张差异化，展示收益，向原始大脑传递信息。这一部分针对这四个环节做了详细阐述，并提出 6 个有效信息的说服元素及 7 种说服催化剂，运用它们，你能顺畅地完成说服过程，取得较好的说服效果。

---

[1] 本书参考文献见智元微库公司网站（www.zhiyuanbooks.com），如有需要，请前往网站下载参考文献电子版。——编者注

引言

在过去的 10 年里，许多神经科学家和媒体研究人员声称他们掌握了破译广告效果的神经学密码。可是，能够采用科学的方法研究和创建更有说服力的广告、网站的做法依旧很少。

神经营销是个复杂的领域吗

市场营销人员和广告从业者最初知道神经营销的时候，常常认为只有拥有高深的学识才能理解并利用大脑的工作机制去开展营销活动。的确，神经营销研究的是大脑产生的几十亿字节的信息，它是一个相当复杂的机制，要处理这些数据，需要能够运行加密算法的强大软件。挖掘神经洞察力的过程十分耗时，还有点令人生畏。你可能会问：我能快速掌握它吗？它真能从根本上提高我的说服能力吗？学习的过程会不会充满痛苦？我向你保证，本书会帮你了解大脑的工作机制及神经营销学的价值，帮你快速应用这一工具。

神经营销会揭示过去广告的缺陷吗

市场营销经理和广告经理们常常担心神经营销研究可能会揭短，毕竟科学的说服模式提供的证据有可能揭示之前广告的失败之处和大量资金被浪费的情况，这可能令人尴尬或有损品牌的声誉。我们都避免与挑战我们既定认知的信息进行对抗。但现在，请让我们正视这一点。神经营销的发现常常出人意料，甚至引发

1

我们对数十年来所学和所用的质疑。但神经营销能让我们知道之前影响他人、销售产品或说服他人的努力为什么失败。这些发现甚至还会暴露我们的无能和缺点。探明原始大脑深层的潜意识部分之后，即便所知并没有让你不舒服，也会令你惊讶，因为之前没有人知道这些信息。我们总是问人们想要什么，但证据显示，人们甚至连自己想要什么都说不清楚！

当你开始神经营销之旅时，请先庆幸你能够质疑自己的认知、挑战现有的工作、承认自己可能浪费时间和精力用来制作那些根本没有实际效果的广告。应用神经营销会让你难堪，但也会为你赋能，要明白，即使不被质疑，你也可能面对客户对神经营销这类创新方法毫无兴趣的局面。

创意和说服科学能否混合使用

自"销售脑"公司成立以来，我们遇见过许多广告经理说他们不需要使用神经心理学数据去了解或预测他们的广告效果。他们常常把神经营销研究设想成他们创意过程中的干扰元素。他们不相信揭示那些人们无法言说的信息会提供什么有价值的见解。更糟糕的是，他们常常把说服科学看作对他们自由创新的限制，毕竟，许多广告公司就是靠创意标榜自己的。从我们接触的全球几十家广告公司（有些还是顶级的广告公司）的经历来看，这确实是个显而易见的问题，没有几家公司能利用可靠的说服理论来证实它们的信息制定策略是科学的。所以，在你开始神经营销之旅前，要做好挑战广告业，甚至挑战那些创意广告公司的准备。它们最初可能会抵触，除非它们认识到客户想要对购买的创意内容的效果进行更客观的测量。

市场营销人员为什么沉迷于网络分析

在不断扩张的数字营销领域，网络和手机分析异常简单，以至于营销人员总是认为他们不需要太多科学知识就能轻松了解广告的真正效果。像谷歌、脸书和推特这样的公司花费数百万美元去说服顾客，它们的算法可以揭示和预测其发布的任何数字信息的质量。它们依靠那些算法生存。然而，不断有事件揭露网络分析的欺骗性。更糟糕的是，这些公司给出的定义不清晰，假设很可疑，甚至还有数学错误。它们分析的行为数据只能片面地反映人们对说服信息的反馈，忽略了发生在人们头脑中的隐形点击（invisible clicks）。

2016 年，全球最大的广告商宝洁公司大幅缩减其在脸书上的广告投放。它指出，（在脸书上）针对特定客户投放广告费用高昂，并且没能产生明显效果[1]。脸书和谷歌都认为，它们可以帮助广告商锁定特定的受众。不过，宝洁坚持认为，没有证据表明精准锁定目标消费者的做法值得尝试。与此同时，脸书承认，在过去的两年间，它一直高估了一个重要的视频指标，只将 3 秒以上的视频观看量纳入视频平均持续观看时间。这意味着不足 3 秒的视频观看记录没有被计入平均值，这使计算结果比实际值要高得多。因此，广告商获得的业绩得分高于其实际表现。尽管脸书称，这是对用户在其平台上观看视频的平均时间的误算，但许多像阳狮（Publicis）这样的广告商十分不满。阳狮在 2015 年将 770 亿美元用于广告投放。另一个大型广告商联合利华的首席营销官基思·威德（Keith Weed）评论说，谷歌和脸书等公司不允许第三方评估它们的平台，这意味着，基本上是它们自己在给自己的作业打分[2]。毫无疑问，这样的误算让脸书面上无光。它做出正式道歉，并表示将修改算法中的错误。所以我们需要警惕，网络分析的价值有限，而且往往存在缺陷。通过揭示隐形点击的本质和影响，神经营销的方法会让你成为聪明的数字广告买家。当然，数字广告领域中的大数据玩家可能不会像你一样愿意接受神经营销。

同时，由于网络分析不能全面了解首次接触广告时购买者的大脑产生了什么变化，这迫使你不断变换标题、更换图片，多次修改信息。这会让你一次次失去机会去了解为什么那么多广告不能产生任何回报。更糟糕的是，你很可能继续选择无效的广告，尽管它在测试中表现最好。不深入了解广告对大脑的影响，信息测试（也称 A/B 测试）就是一个陷阱，数十亿美元会被广告商和媒体网络套走。那些为通过信息测试而制作的"完美"广告实际上收效甚微，因为它们违背了大脑的说服机制。

为什么你会喜欢上一个基于大脑的说服模式

我们在前一本书中介绍了一个简单步骤：运用一个整体的、基于大脑的理论框架改进销售信息。① 然而，它本身并不是一本学术书，相反，它想要推广一种有价值的操作方法，即将说服努力集中在原始大脑，让原始大脑引发和参与大脑的说服过程。我们的目标是展示经过充分研究和测试的说服模式（神经地图）的科学性与实用性，帮助你系统地降低风险、杜绝浪费，提高说服他人的能力。

---

① 本书介绍的说服模式可用来改进和提升你的营销活动，但在具体应用，尤其是制定广告语时，应遵守《中华人民共和国广告法》的规定。——编者注

第一部分
解码说服科学

消费者的需求并非如他们所说，因此，你需要借助神经科学来洞察他们的真正需求。神经地图是非常好用的工具，你不需要成为神经科学家，就可以用它来测量人们无意间对信息做出的反应，这将帮助企业准确衡量营销资金的投资回报率，并让组织及组织成员更快地成长。

第一章

为什么说神经营销打破了当前的营销格局

智慧是适应变化的能力。

——斯蒂芬·霍金（Stephen Hawking）

本章将帮助你了解神经营销模式对创建说服信息的影响。首先，我们关注神经地图解答的那些独特的研究问题，特别是以往书籍从未涉及的那些方面。我们本就容易迷失在神经营销工具的概念当中，更何况它还涵盖了一些其他知识点。但是，了解基础知识能让你迅速成为一个敏锐、明辨的说服者！

在我（克里斯托弗·莫林博士）撰写的五章中，我将全部热情投入破解说服信息的科学密码上。你很快就会意识到，我已经到了有点痴迷的程度，我有太多信息渴望与读者分享，一心想把这部分写得丰富又易读。近 20 年来，我在世界各地举办神经营销培训班，培训了成千上万人。作为菲尔丁研究生大学（Fielding Graduate University）媒体心理学专业的兼职教授，我有幸与一些顶级学者合作，这也加深了我对各种形式的媒体有效性的理解。此外，我的学生们也开始在世界各地运用神经营销的知识修改电影剧本及设计广告宣传活动、筹款活动。

刚刚接触基于大脑的说服话题时，你可能会望而生畏，但在接下来几章里，你将学到关于大脑的知识，它们将对你的生活产生意想不到的影响。就我个人而言，神经科学帮助我弄清楚了影响亲人的复杂心理障碍，这对我的育儿方式产生了影响，还在我生活中的其他许多方面产生了影响。我保证，在阅读完下面几页的内容之后，你的说服能力会得到极大提高，你的生活也将得到改善。人们常常在讲座结束后告诉我，他们一直在做艰难的努力（有些人甚至尝试了几十年）想去影响或理解亲人，在学习了神经科学的基础知识后，他们觉得这轻松多了。之前我听过太多人们受挫的故事：苦口婆心地劝说孩子不要吸烟、一厢情愿地规劝朋友戒酒、努力想结束一场激烈的争论，却都以失败告终。虽然我们的目标是讨论销售和广告信息对人们大脑的影响，但我相信神经营销的价值可以体现在生活的其他方面，你说服他人的能力将给你带来安慰和希望。事实上，帕特里克·任瓦茨在他十分受欢迎的 TED 演讲中也谈到了神经营销更广泛的应用。

神经营销的独特性何在

从 2002 年创建"销售脑"公司开始，帕特里克和我就指出，传统的营销研究有其局限性，特别是它无法测量广告信息的效果。调查、访谈或焦点小组[①]，这些传统的方法并不能解释消费者行为背后的神经生理机制。要解释我们如何对大多数营销刺激做出反应，大脑的下意识和前意识功能回路的作用至关重要。[1-5]这就是为什么与传统的研究方法相比，神经科学方法提出的独到见解能够被世界各地营销和广告研究人员广泛接受。[4, 6-8]因此，许多学者认为，神经科学方法被纳入广告研究是过去 50 年消费者研究中最重要的事件之一。[9]

尽管广告业最初对变革持怀疑和抵制的态度，但如今，它们开始认识到变革的重要性。神经营销能追踪我们大脑应对营销刺激时产生的生物、生理和神经学变化，因此，神经营销方法大大优于传统的信息收集技术。这些创新的实验设置帮助我们分析研究对象在本能、情绪和认知层面的反应，不会给他们带来任何负

---

① Focus Group，也称小组访谈。——编者注

担，不需要他们对自己的回答做出解释。你可能没有意识到，实际上你参与的每一项问卷调查，都会消耗你宝贵的大脑能量。即使你获得了一些报酬，也不能补偿这种消耗，因为认知能量是无价的。使用基于大脑的方法就意味着我们不再以调查对象的主动意识和积极参与为前提，调查对象只需要放松身心，让这些信息在他们的大脑中自然流转，甚至不需要做任何的言语表达，只要受到刺激，让大脑产生神经生理学作用即可。与此同时，我们需要营造安全、舒适的环境，避免可能破坏数据的人为影响，如噪声、移动对象、光线变化和温度条件等。

我们能从这些新方法中获得什么传统调查和焦点小组无法提供的价值呢？事实上，我们的主要目的是测量调查对象（消费者）的状态，但让调查对象有意识地说出他们的感受是非常困难的。如果有人问你："最近看的那部电影怎么样？"这个问题十分简单，可是如果一定要你从情绪维度来描述快乐、悲伤、兴奋、紧张、担心、好奇的程度，那就很难回答了。我们对广告信息和网站的反应同样如此。我们虽然知道这些刺激对我们有一定的影响，但如果让我们对这些刺激产生的情绪影响和认知影响做出精确评分，我们就很难描述清楚了。研究表明，要求研究对象描述自己的情绪时，研究对象至少要使用三个单词，这表明情绪的确很难被识别和报告。[10]

让我们回到那个关键的研究问题：神经营销研究和神经地图的独特作用究竟是什么？与神经营销相关的研究问题旨在形成独特的见解，帮助你将广告、网站、包装标签等影响说服效果的风险和不确定性降至最低。要理解这些问题，你可以回忆一下最近设计的广告活动或想要影响他人的信息。在开始设计广告活动前，先回答下面的问题，这样做非常有必要。

当然，你可以通过神经营销实验与神经地图回答下面 6 个关键问题。

问题一：我的信息会吸引受众大脑下意识的注意力吗？

注意力会调动大脑能量，让受众专注于你的信息并处理信息内容。注意力的管理大多是在我们潜意识层面进行的。因此，当你要求受众描述他们对你发出的信息的关注程度时，你会发现衡量注意力是非常困难的。意识是我们观察和报告直接经验的能力，它的反应既缓慢又微弱。信息是以某种叙事结构和远超意识反应的速度影响受众的。这样的后果是，我们没有能力直接描述注意力水平。但是，收集大脑数据相当容易，因为它不依赖于受众的报告能力。更重要的是，我们可以测量毫秒级的注意力变化，这可以说是压倒性优势。一旦有了这些数据，我们就可以解释所有营销刺激的效果。故事可以引发不同的注意力循环，在这期间，受众会参与、走神或感觉无聊。我们可以借助不同的神经营销技术捕捉这些变化，并将其反映在一个时间轴上，如读取皮肤的电导率、解码面部表情、跟踪眼球转动或监测脑电波。故事总能以惊人的方式在人脑中运作，然而大部分故事的效果，我们都意识不到。神经营销方法旨在显示信息能否捕捉受众任何形式的注意力，无论这种注意力是有意识的还是下意识的、自动的还是主动的。这会极大地影响你创建的信息产生的效果。

Case | **案例研究**

哪些动物图像最受关注

有一家专注于捍卫动物权利的著名非营利组织想了解为什么有些动员捐款的广告效果好。他们向销售脑公司提供了过去 10 年制作的三则广告：一个旧版、两个新版。结果表明，新广告的效果反而没有旧广告好。他们不明白其中的原因。我们利用神经实验对这个问题进行了调查。通过对 40 位被试的神经生理反应进行全面评估，我们发现，如果广告中的场景无法展示动物明显的、清晰的悲伤表情，被试的注意力就会迅速分散。另外，动物正脸引起的关注比侧脸多。这与动物本身有关，也与动物引发人类同理心的能力有关。显然，不论从动物面部表情来看，还是从场景中出现的动物的数量来看，我们都能够预测受众的反应。这一假设通过记录被试观察几种动物的眼动追踪（Eye Tracking）

和情绪数据得以证实，包括猫、狗、马、猪、牛、海豹，甚至猴子。我们帮他们破解了那则广告的说服密码之后，他们发布了一则新的电视广告，其表现优于他们以前使用的所有宣传片。另外，这项研究得出的结论还为照片和视频组在其随后的交流中如何使用图像资料提供了科学的指导。

问题二：人们能说出他们的感受吗？

在谈及情绪时，我们很善于掩饰和曲解自己的情绪。最近有一些研究对比了社交媒体与谷歌上的问题搜索，结果显示了我们自欺欺人的程度。谷歌上的问题搜索揭示了人们真实的关切或兴趣，但这与人们愿意公开披露的内容不符。此外，搜索数据显示，我们会主动分享那些让我们感觉良好的信息，而避谈有伤自尊的信息。有些研究发现，人越年轻，表达越不真实。我对十几岁的青少年进行了广泛研究，这让我认识到，收集他们的意见并不能解释和预测他们的行为。幸运的是，神经营销研究的结果并不取决于人们说什么，而取决于他们的大脑如何反应。当我们开展这项研究时，我们观察参与者的神经元如何在毫秒间被激发，留意他们的感受，同时测量他们的大脑对外部刺激的反应。

大脑中的神经元在一秒内做出反应，在意识开始处理信息之前就会引发情绪反应。被试可能已经产生了下意识的反应，一旦意识到这一点，他再与你分享的时候就可能会觉得不自在了。也许他觉得不合适，或者他想给研究人员留下好印象。无论是哪种情况，心理学都称之为社会意识偏颇（social desirability bias）。此外，即使被试觉得他说出了对广告的真实感受，大脑数据也可能显示情况并非如此。在测量情绪对我们行为的影响时，神经营销的发现有助于确定人们报告的感觉和真实感受之间的差距。当然，前提是不存在任何故意曲解的话。

---

^{Case} | **案例研究**

理解消费者对摩洛哥银行服务的感受

Wafacash 是阿提哈利瓦法银行集团的全资子公司，该集团是北非最大、非洲排名第六的银行。在过去的 20 年里，Wafacash 在摩洛哥的现金转账和银行支付业务中占据了主导地位。由于大多数摩洛哥人不信任传统银行，因此现金业务吸引了很多客户：他们看重现金储蓄和支付的隐私保障，因而不想开立银行账户。2012 年年底，尽管 Wafacash 在客户研究上做了很多努力，但管理层认为，继续开展专题小组或传统的一对一访谈已经不足以洞悉和发掘潜在客户的需求。Wafacash 委托销售脑公司，期望用神经营销方法解决这一问题，制定更有效的传播策略，快速投放广告。我们建议使用语音分析进行研究。

我们与 24 位客户和非客户开展深入访谈，在这一过程中使用了语音分析。语音分析软件提取了大约 20 个声音参数，以识别受访者声音中的情绪变量，如应激水平、认知过载或悲伤。通过语音分析，银行执行团队在客户对其服务的感受方面有了更为客观的了解。例如，数据显示许多服务令人受挫、让人懊恼，而之前 Wafacash 对这些服务的认识完全是错的。

通过更好地了解客户的感受，管理层得以快速开发和部署新的宣传活动。活动很快被采纳，并在覆盖 600 多个零售站点的网络上成功启动。

问题三：哪些情绪触发决策？

我们能够体验几千种情绪，却很难报告某种特定的情绪，因为它一闪而过。即使它到达意识层面，由于我们的感知太慢，我们依旧无法清晰地分辨、归类和标记这些情绪。然而，一些工具，如面部解码软件，可以帮助我们揭示人们潜意识下触发的、普遍性的情绪，如快乐、悲伤、惊喜、愤怒、恐惧、蔑视和厌恶等。我们面部肌肉的微小动作产生的微表情持续时间不足 35 毫秒。有趣的是，人们只有在自我报告消极情绪（如厌恶或愤怒）时，才与他们大脑的测量数据传达的结果相吻合。我们不需要认知解读的滤镜和偏见，就可以本能地感知消极情绪。

将情绪和行为联系起来是很复杂的工作。要理解这种关键的联系，需要对情绪和行为进行清晰的界定，开展恰当的测量。可情绪是抽象概念，我们没有像"愤怒温度计"这类能够测量所有情绪的工具。如果通过问卷评估愤怒程度，心理学家则需要制定一个特殊的量表。这样做十分困难，因为你一旦开始提出心理学上的结构量表，人们就会对这个结构的含义有不同的看法。幸运的是，神经营销研究并不依靠量表或心理状态的主观解释，而通过已知和公认的神经生理指标来测量情绪变化。

想想我们今天如何测量物体的重量。人们不会在某物体究竟是轻是重的问题上产生争议，因为我们遵从已被接受和使用了几百年的标准。在传统的营销研究中，这种标准并不存在，我们无法测量注意力、无聊、参与、理解、记忆，当然还有被说服程度等心理状态。调查完全取决于人们对问题的主观解读。你对这则广告感到兴奋吗？你觉得无聊吗？假设所有人都会以同样的方式理解这些问题，但调查对象仍然有主观解读特定情绪状态的空间。而神经营销研究能科学地测量情绪状态，消除我们因语言上的主观性和意识处理能力的局限而产生的错误。

Case | **案例研究**

公共卫生广告的有效性

2011 年，我做了一项研究，研究针对十几岁的青少年和年轻成年人的公共服务广告（PSA）的有效性。[11] 我了解到，PSA 研究人员主要依靠被试自我报告其感受的能力来评估广告是否取得了成功，这样操作有很大的局限性，因为情绪信息会对个人的潜意识产生巨大影响。我的研究测试了几个不同基调的 PSA，有些是积极的，语气乐观、幽默，还有一些是忧郁、吓人的。最近的神经科学发现表明，青少年在处理潜意识的情绪反应时使用不同的大脑回路，因此我预测，情绪信息的说服力会因年龄组的不同而有所差异。研究结果也证实了我的预测，表明神经生理学方法可以用于预测针对青少年和年轻成年人的 PSA 的有效性。最值得注意的是，研究显示，无论哪个年龄组，与积极情绪产生的效果相比，威胁恐惧性的广告信息造成的消极情绪更强烈。

问题四：哪些信息能对大脑产生更好的效果，为什么？

如果通过提问评估广告的效果，被试很快会被太多的问题搞晕或压垮。例如，李克特量表（Likert scale）通常被用于广告研究。以下就是一个典型的例子：你有多喜欢这则广告？使用五个量级从"非常喜欢"到"一点也不喜欢"来回答。采用这种方法评估广告，无法呈现大脑中数百万个神经元在几毫秒内产生的潜意识反应。此外，传统的研究总是要求人们回答喜欢或讨厌广告的哪个方面及其原因，但是这些问题会大量消耗人们的认知能量，导致被试对这类问题的回答没有显著差异，甚至在刺激变量之间都看不到显著差异。

那么，如果你发现被试对那些问题感觉相同，没有哪则广告能让人产生不同的结果，那你的研究意义何在？我也做过类似的研究，如果研究对象间的差异缺少（统计学）意义，更糟的情况是不同广告之间缺少差异，这样，我们就无法得出任何实质性结论。类似情况为什么经常发生呢？这是因为我们根本无从表达头脑中经由不同层级处理的超量信息产生的影响。只有大脑本身才能完成这项复杂而烦琐的任务，而这都是在潜意识的状态下完成的。通过运用神经营销工具，使用像神经地图这样的神经营销模型去解读大脑数据，我们就可以评估说服过程如何影响大脑的不同区域，并揭示研究对象以及信息之间的差异是否有意义。

案例研究

用神经基准测试多则广告

某家大型科技公司请销售脑公司帮助评价其过去几年播出的几则广告。由于没有广告效果的常规基准数据，他们的营销小组不清楚下一步的方向，因此委托我们开展研究。在这种情况下，广告信息中变量（基调、色彩、角色等）较多，我们无法使用传统方法分别测量每个变量的作用。然而，我们的神经营销研究能够测量被试对每则广告可保持多久的注意力、产生多大的激励、是进入愉快还是不舒服情绪状态以及该信息是否产生了有价值的认知参与。我们对每则广告在被试大脑中激活关键说服阶段的程度进行神经评分，这确实是一种客观信息分类方法。因此，我们的客户能够获得清晰的认识，重塑信心，找到下一步广告活动的创意方向。

问题五：神经营销能帮我们更好地证明广告方案的独特价值吗？

越来越多的公司求助神经科学，为其价值主张提供更为有力的证据。你也可以从这样的研究中受益，证明与你的竞争对手相比，你的产品或服务会在客户的大脑中产生更强烈的反应。有很多方法可以用来设计实验，不用文字而用大脑信号去比较被试对你的产品的反应。这时，神经科学可以提供有价值的证据，说明你的价值主张的优势。

- 丹麦巧克力制造商希望推广在情人节赠送巧克力的价值概念。在一项创新性研究中，保罗·扎克（Paul Zak）[12]探讨了向爱人赠送巧克力同时分享浪漫感受的效果。实验表明，这一做法让男性的催产素水平提高了近30%。

同样，你也可以使用神经科学来证明。

- 通过测量可以反映应激激素下降和内啡肽升高的大脑信号，证明一家知名水疗中心提供的服务比另一家令人更放松。
- 通过监测人们在执行各种办公任务时的认知努力和分心程度，证明噪声消除系统可以创造更高效的办公环境。
- 证明商店家具的设计和颜色可能会影响购物者的情绪与认知状态。

Case **案例研究**

在手机上阅读信息的影响

某家大型科技公司的收入在很大程度上依靠其移动平台上的广告销售。这家公司想了解受众在移动设备上和电视上观看相同广告的神经生理学差异。我们已经知道，神经生理会影响受众对不同形式的信息内容的整体认知参与，即注意力、情绪、记忆力，而这项研究重点关注那些确切的神经生理过程。这项研究不需要研究对象有意识地报告，就可以客观地测量这些神经生理学状态。结果证明这两个传播平台之间确实存在显著差异，有人更倾向于使用移动平台。

问题六：基于脑科学的说服模式能让我们获得更高回报吗？

受益于神经数据和像神经地图这样的说服模型，销售脑公司的客户可以优化他们营销、沟通和销售产品的方式或解决方案。他们还可以向广告公司提供更好的广告概要。他们遵循科学训练创建的信息，消除了营销或广告活动中的风险和不确定性。但一些广告商对于创意的狂热信仰，常常置巨额资金于危险之中。我从事营销研究的 30 年间，还没看到过用科学说服模式制作的创意概要！一些广告公司始终不愿意接受神经营销这一概念，它们认为科学的方法可能会限制它们的创作空间。神经营销的科学性和严谨性都已经得到验证，它的确能够提高营销成功的概率和广告费用的投资回报率，可是为什么人们还在盲目猜测呢？而且这方面的投入并不取决于公司的预算规模。读完本书，你马上可以将神经地图的优势和价值体现在下一则广告或新网站的设计过程中。

神经营销方法的投资回报率：销售脑公司客户的评价

一本书，除非它带给你的价值真实可见、效果显著，否则不值得花时间阅读。因此，我在这里分享一些客户的推荐。这些公司无论规模大小，都持有相同的观点：只要在神经营销训练上投入时间和金钱，就能收到回报。

神经营销帮助我们更快地交付方案，帮助我们的客户更迅速地做出决策。我们在交付的方案里表明我们的产品特点恰好针对客户面临的困境，并与他们期待的收益一致。在宣传环节，每个人使用相同的语言，这样，我们实现了信息一致、传递一致。如果你百分之百地按照神经营销和销售脑公司的方法操作，我的意思是你必须照做，你就会发现，结果能得到全面改善，不只是收入，也不只是产能。自从我们全面转向神经营销，我们的讲师或客户数量增加了 4 倍。客户给我回电话说："你让事情变得如此简单！我们喜欢你们的服务！这很容易！"当客户称赞你的时候，你就赢了。

比尔·克莱德内（Bill Clendenen）
健康与安全研究所（HSI）首席执行官

销售脑公司使用神经地图™帮我们对客户的困境进行了分析，这点给我留下了最深刻的印象。他们知道要问什么问题，他们了解我们的业务。这可不是一件容易的事。他们来了，很快了解了我们的业务，并从我们的客户身上获取了有用的信息。这就是营销效率。花 1 美元在营销上，创造 10 美元的收入。值不值？绝对值！我认为，这还只是表现它回报率的一个方面。

H.K. 贝恩（H.K. Bain）

数字科技系统公司首席执行官

有硬科学的理论支持，神经营销成为市场研究的完美补充，克里斯托弗和帕特里克利用他们的知识，以创造性和巧妙的方式抓住你的注意力，然后向你展示如何抓住客户和潜在客户的注意力。我们有数十家分公司分布在世界各地，它们都从这种创新的销售方法中收获了实实在在的成果。

帕姆·亨德里克森（Pam Hendrickson）

河岸公司首席运营官

我认为，在美国，每家公司可能都在想怎么宣传，而没有思考需要让客户了解什么。神经营销确实帮助我们把想传达给客户的信息翻译成他们想听的内容。几年前在芝加哥，我第一次听到关于神经营销的介绍，当时我还很怀疑。可是在那天要结束的时候，我准备做些尝试。今天，以我的事后之见，我可以告诉你，那次演讲永久性地改变了我的生活和事业。2005 年，CodeBlue 还只是我们头脑中的一个概念。自从我们开发出这个概念，我们一直用销售脑模式创建其他业务。而今天 CodeBlue 成为我们业务投入回报最大的部分。任何希望认真发展业务的人都应该接受销售脑公司的神经科学模式。

保罗·格罗斯（Paul Gross）

CodeBlue 公司首席执行官

我们经常被问道："为什么要使用法医分析呢？"是什么让我们与众不同？我们怎么把它说明白呢？一想到过去十年间，我们把那些顾问和那么多人召集在一起开会，为此浪费了那么多时间，真让人沮丧。直到我们请来销售脑团队，他们帮助我们把价值主张减少到 3 个词：正确的人、正确的视角、就是现在。之前我们已经努力尝试了 10 年，然而他们只花了一个下午。他们还帮我们修改了网站，现在网站信息清晰而简单，完全达到了我们想要的效果。网页清楚地展示了我们的价值主张。它不需要我们做什么全新的工作，只是非常简练地陈述了我们已经做了 25 年的事情。

弗雷德·文奇盖拉（Fred Vinciguerra）

法医分析公司首席执行官

直到理解了营销作用于原始大脑的全过程，理解了情绪在销售中的影响，我才意识到我们以往错过了什么。以往我们更多的是在销售产品。我真希望团队认同销售脑公司所说的困境、解决方法、收益，并将这些原则应用到营销工作的各个方面，无论是电话营销，还是给银行客户的演示。我们需要做的就是，明确困境所在、找到解决办法、了解这样做的好处、创造机会、拿下订单。现在我们对自己正在做的事情充满热情，因为大家对这种方式有了更深刻的理解。我们清楚什么能吸引客户。这就是客户需求与我们的需求的对比。

勒内·莱瑟特（Rene Lacerte）

Bill 公司首席执行官

我和销售脑公司在优化自我宣传和客户宣传领域中合作了近 10 年。最近，我们遇到了比我们规模大百倍的公司的竞争，所以我们请销售脑公司帮助我们制作广告片。在陈述方案之前，我觉得没什么胜算。我们用了视频、图片，还制作了一部完整的微电影，这的确很有意思。最后我们赢了！

斯图尔特·利特尔（Stuart Little）

阿维亚网络公司产品营销总监

Airgas 公司向销售脑公司提出在夏威夷开拓市场的需求，同时为安全防坠落设备和呼吸机找一家可靠的当地经销商。为此，销售脑公司制作了一部独特的"神经电影"，成功吸引了顾客的注意力！他们找到了合适的基调和风格，宣传效果显著！

詹森·大城（Jason Oshiro）

Airgas 公司区域副总裁

与莫林博士及其团队的合作彻底改变了我们衡量创意效果和创意设计的方式。利用机器了解世界的竞赛一直在持续，而销售脑公司始终致力于提升对人类智力的理解，以及营销人员如何有效地与受众连接。

瑞恩·安东尼（Ryan Anthony）

Vungle 公司创意总监

神经营销不仅提高了我们的营销效率，还让我们公司的表现更为出色。我们已经意识到我们需要将产品特征转化为客户收益，但做得还不够。现在，我们开始重点关注客户的基本需求和困境。这是主动倾听和被动等待谈话的区别。我们相信销售脑公司的方法，因为它确实管用。我们赢得了市场，因为我们的确给客户创造了更多价值。

史蒂文·豪斯曼（Steven Hausman）

凯旋商业资本总裁、首席执行官

总之，通过寻找那些不需要意识参与的关键问题以及这些关键问题的答案，神经营销研究可以获得更好的效果。这些答案可以帮助你创建信息，消除风险和不确定性，让广告投入带来业务发展和利润增长。

本章要点

- 传统的营销研究方法无法影响人们对各种形式的说服信息的潜意识反应。

- 通过收集大脑数据，神经营销工具可以客观地解释那些被试无法自我报告，但又十分关键的神经过程。而神经营销对我们理解、感受、参与并最终被信息说服的过程提出了独到见解。

- 应用神经营销的战略价值在于，它为困扰了营销从业者、广告商和媒体专家几十年的关键研究问题提供了解释。

- 神经营销费用的投资回报率可通过多种方式进行测量。它可以减少因制作和投放无效广告产生的资金浪费。更重要的是，它会让你和你的组织迅速成长。

第二章

说服的神经科学

我有两个"神"——说服力和强迫力。

——地米斯托克利（Themistocles），古希腊政治家，前 524—前 459

已经有众多文章和教科书讨论过大脑的工作原理。我们已知大脑的不同区域负责不同的功能，其中很多区域已经进化了数百万年。对于大脑三个关键系统的讨论已经持续了几十年。这三个关键系统包括爬行脑和边缘系统（两者构成了本书所说的原始大脑）及大脑皮层（我们大脑中最年轻、最理性的部分），但这些关键区域的解剖边界常有争议。①

本章的目的是介绍一些共识的定义，并讨论相关研究，证明神经营销模式可以有效地帮助你破译说服密码。到现在为止，你应该已经意识到，我们一直用来评估销售信息、广告、宣传活动、网站和广告提案效果的传统方法有着巨大的缺陷。由于大脑处理信息的速度有限，人们无法直接获取和解释信息对消费者产生了怎样的影响。要解读为什么只有极少数说服性信息有效，而绝大多数却失败了，收集大脑数据十分重要。虽然大脑数据十分复杂，但在过去的几十年里，人们在关键功能如何影响营销信息和广告刺激的处理方面，依旧积累了相当多的经验。需要注

---

① 现在流行的三重大脑理论也将这三个部分称作本能脑、情绪脑和理智脑。——编者注

意的是，有经验的神经营销人员会关注所有可以解释和预测信息效果的功能，并不局限于少数几个功能。我们需要警惕的是，有些神经营销机构声称它们仅通过脑电图测量大脑皮层或通过测量皮肤电反应（GSR）或心率变异性（HRV）（自主神经系统），就可以解释信息对大脑的影响。但事实上，这样的结果并不可靠。

大脑的注意力、情绪和决策

大脑是整个神经网络的一部分，它通过神经分支与整个身体进行交流。大脑和神经网络构成了神经系统，负责处理、解释和传输数以百万计的信息，帮助我们维持生命、移动、思考、反思和计划等。以往，我们倾向于相信这一假设，即我们的许多行为都是以意识、意图或自由意志为指导的。现在，我们需要重新思考这个问题。斯坦尼斯拉斯·迪昂（Stanislas Dehaene）在《脑与意识》（*Consciousness and the Brain*）一书中提醒我们："在许多方面，头脑潜意识的影响范围远远大于意识的影响范围。"[1]

神经系统有两个结构分支：中枢神经系统（CNS）和周围神经系统（PNS），它们控制和监测着我们对外界刺激的反应（见图2-1）。

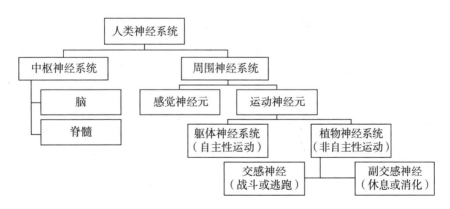

图2-1　人类的神经系统

中枢神经系统

中枢神经系统包括脑和脊髓。它拥有处理多级复杂信息的功能，这些功能是经过数百万年演化形成的。使用功能性磁共振成像（fMRI）扫描时，我们可以记录和解读大脑的活动，解释我们如何感觉、关注、集中注意力、理解、计划、记忆以及做出决策或行动。

周围神经系统

周围神经系统控制着分布在全身的运动神经元和感觉神经元。运动神经元主要针对躯体神经系统（自主性运动）和植物神经系统（非自主性运动）做出反应。植物神经系统产生本能和情绪化的神经反应，主要由原始大脑中更为古老的部分控制。来自植物神经系统的数据可以通过眼动追踪装置、皮肤电导仪器以及一系列监测呼吸和心率的工具来捕捉。这些记录共同形成数据，就是我们通常说的体征数据（biometric data）。我们虽然可以有意识地（特别是在战斗或逃跑的情况下）报告我们的交感神经系统（见图2-2）或副交感神经系统（见图2-3）的变化及其影响，但是，那些影响血液流动、消化、呼吸和出汗的数百万其他生物反应，很大程度上是在潜意识下进行的。这就是神经营销研究（迄今为止）超越基于自我报告的传统数据收集方法的地方。作为神经营销人员，我们不去估计情绪，而是测量情绪。这样做，我们非但不会压缩反应的时间，相反，我们会同步几十个神经生理变量，建立一个全面统筹原始大脑（最古老的、皮质层下的部分）和理性大脑（最新的、皮质层部分）的生理变量反应的时间序列。

要理解人们对说服信息产生反应的生物学基础，势必要了解植物神经系统的机制。植物神经系统是最先接收原始大脑指令的部分。原始大脑大约占大脑的20%，构成了神经系统中最古老的部分，它有许多可以自动工作的子结构，构成特定的神经元和回路，调节我们的生存功能（比如呼吸、消化、心率、体温、出汗和本能的面部表情）。[2] 由于植物神经系统反应的速度在许多方面比我们的意识行为要快，因此植物神经系统的活动可以用来评估潜意识对广告信息的反应。[3, 4] 观察植物神经系统变化的最佳方法有追踪皮肤电活动、测量心跳间隔时间以及记录受到呼吸影响的呼吸性窦性心律失常。记录植物神经系统活动最重要的目的是提取数据，解释信息引发注意力和情绪变动的程度。注意力和情绪可以说是信息传递的燃料。只有掌握了人们在回应说服性信息时关注和感知的神经生物学性质，我们才可能成为高效的说服者。

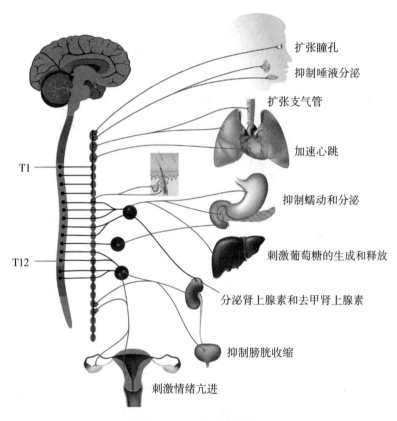

扩张瞳孔

抑制唾液分泌

扩张支气管

加速心跳

抑制蠕动和分泌

刺激葡萄糖的生成和释放

分泌肾上腺素和去甲肾上腺素

抑制膀胱收缩

刺激情绪亢进

T1

T12

图 2-2　交感神经系统

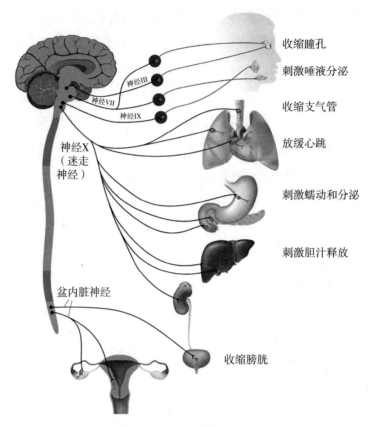

图 2-3 副交感神经系统

理解注意力和大脑

注意力是人们用来处理外界刺激的大脑能量。我们可以自如地控制注意力，即所谓的选择性注意（selective attention）或随意注意（voluntary attention）。然而，我们也经常让注意力去处理新奇的事务或事件，这就需要触发原始大脑的即时反应。例如，当我们把目光移向黑暗中闪烁的灯光时，或者当我们被突然的巨响吓了一跳的时候，还有，回想一下你最近一次被商店橱窗里漂亮的东西所吸引……这些被称为反射性注意（reflexive attention）或自下而上注意（bottom-up attention）。我们反应的速度与我们自如控制注意力的程度高度相关。速度越快，所能控制的就越少。由于注意力的自主性或非自主性程度不同，不同神经元通路会影响注意力的集中程度。

"集中注意力"一词说明了这一点。注意力会消耗大脑中宝贵的氧和葡萄糖，所以它既珍贵又脆弱。人们经常假装关注，因为这是一种社交期待。我们的研究表明，营销人员总是低估人们理解信息所需的大脑能量。在通常情况下，生理动机不足以让受众阅读你的电子邮件、了解你的广告、聆听你的宣传、浏览你的网站或记住你说的任何卖点。本书介绍的原则将大大提高信息引发受众即时关注的概率，受众会先将原始大脑的注意力聚焦在你的信息上，而不是一开始就进行理性思考。

通过记录人们接触信息时的神经生理反应，我们可以测量人们注意力的集中程度。神经生理反应可能会持续几毫秒、几秒或几分钟。这样的反应会产生电化学信号，传递给数千个神经元。神经元是脑细胞，负责启动和控制大脑中各种形式的活动。我们大脑中有 860 亿个神经元，这些神经元之间有 100 多万亿个连接（被称为突触）。神经元与轴突和树突连接（见图 2-4）。神经元只占脑细胞的20%，其余的是胶质细胞，它们支撑神经元，同时也在加速信息传递方面发挥着至关重要的作用。

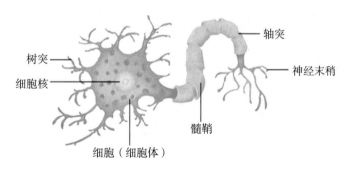

图 2-4　人类神经细胞结构

突触传递的过程直接使神经元能够接收、发送和整合全部神经系统的信息（见图 2-5）。

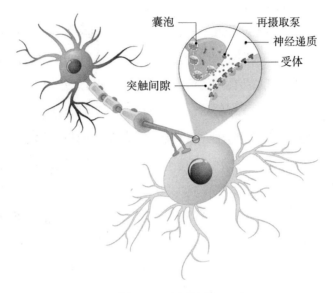

图 2-5　突触连接

突触连接有许多种类型，比如激发神经元、抑制神经元。当神经元兴奋时，它就更有可能受到激发，即向与之连接的神经元发送电信号。如果它被抑制，它更可能保持中立。不过，抑制神经元并不意味着它们不会改变行为。这两种突触能增强或中和神经系统产生的特定反应。这样，大脑中任何运动、行为或决定的基础最终都与突触连接的生物性质有关。唐纳德·赫布（Donald Hebb）[5] 是最早提出令人信服的神经元工作模型的心理学家之一。他提出一个异常简单却又具有突破性的假设理论。

当神经元 A 的轴突与神经元 B 足够接近并参与了对 B 重复且持续的激发时，这两个神经元或其中一个便会发生某些生长或代谢变化；与此同时，作为激发神经元 B 的细胞之一，神经元 A 的效能得到了增强。

赫布定律常被解释为：当两个神经元一起被激发时，它们之间的联系就会增强。这样，它们就能建立起神经元回路的基础。现在，请你记住这个定律，因为它会帮你打动你的朋友。尽管赫布的理论是几十年前提出的，但神经科学家已经确认了神经网络在所有本能、情绪和认知功能中的重要性，特别是在注意力、情绪、学习和决策中的作用。[6]

值得庆幸的是，几十年前我们就可以通过记录皮肤电活性（也叫皮肤电反应）测量生理的兴奋（多）或抑制（少）信号了。[7] 同时，作为大脑的一个皮质下区域，丘脑在很大程度上负责注意力的形成。丘脑也是边缘系统的一部分，是原始大脑中的关键结构（见图 2-6）。

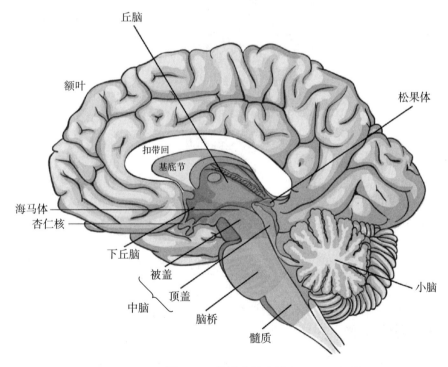

图 2-6 关键大脑区域

在丘脑中，有一种特殊的神经元被称为注意力抓取神经元（attention-grabbing neurons），它对视觉刺激非常敏感，可以立即吸引我们的注意力。[8]视觉反应是注意力和情绪对大脑产生影响的关键组成部分。事实上，大约55%的皮质表面是专门处理视觉感官的，超过任何其他官能。[9]此外，约10%的视神经末端位于上丘，那里正是原始大脑的皮质下结构（见图2-7）。这证明，在没有任何意识的情况下，我们就可以产生早期视觉注意力。

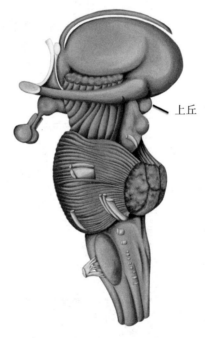

图 2-7   上丘

理解情绪和大脑

情绪在我们的日常生活中发挥着巨大的作用，控制着我们的心情。我们之所以能够感到快乐或沮丧，是因为有数十亿神经元释放出特定的化学信号，即神经递质，这些物质会使我们对情绪状态进行有意识的解释。实际上，我们对情绪及情绪对我们行为的影响了解得还远远不够。许多商业书籍都在传递这样一种观念：情绪会妨碍人们做出正确的决定。因此，有很多关于情绪的负面评价，而我认为，情况正好相反。

"情绪"这个词来自拉丁语中的"movere"，意思是移动。情绪先于行动，并且影响行动的方向。[10] 今天，我们能利用功能性磁共振成像验证恐惧或愤怒会引发大脑哪些区域的活动，而早在这之前，达尔文和艾克曼[11, 12]就已经发现我们的许多情绪反应会转化为面部表情，这个过程是本能的而非习得的。情绪塑造我们对世界和自身的感受，并直接影响我们的决策。正如神经科学家安东尼奥·达马西奥（Antonio Damasio）所说："我们不是思考感觉的机器，我们是感觉思考的机器。"[13] 最近的神经生理学发现表明，强烈的情绪反应会产生强大的神经化学物质组合，能够加强神经元之间的突触连接。我们已知这是一种会影响行为和增强大脑记忆标记的状态。[14] 从根本上说，情绪能极大地影响行为的生物学原因是，情绪改变了我们的动态平衡——一种我们大脑自然寻求、维持的生理平衡状态。情绪可以让我们心率加快、血压升高，并破坏其他自主功能，如睡眠、出汗、呼吸，甚至是消化。同样，情绪也可以帮助我们冷静下来，陷入沉思、放松或愉悦的状态。

原始的生命形式只想着接近糖等能量来源，远离酸等有毒物质，这种现象在细菌等单细胞生物中可以看到。而人类的情绪已经在这个原始功能的基础上发生了演变，去接近积极的刺激或进一步远离消极的刺激。[15] 因此，当我们经历一种情绪时，无论其强度或效价（即积极或消极）如何，各种分子（神经递质、神经肽和激素）的混合物都会淹没我们的大脑，在我们的身体中引起阶梯式的神经生理变化，这导致我们对自己情绪有意识的体验非常有限。调节我们感情生活的职责主要由边缘结构（皮质下）负责，著名的情感神经科学家雅克·潘克塞普（Jaak Panksepp）曾说，我们的感觉（报告情绪对心理状态影响的能力）是大自然无条件的馈赠，而不是后天获得的技能。[16]

研究表明，杏仁核参与了大多数情绪变化，而其他原始大脑结构则负责调节特定的情绪反应。例如，前脑岛是一个深嵌在大脑皮质下的区域，负责调节我们的厌恶体验。[17]这种情绪会立即影响我们的感受和思维方式。当情绪持续一段时间后，就会产生一种心情，这虽然是短暂的心理状态，但会影响我们对事件的感知。我们可能将这种或悲伤或快乐的情绪与某个事件长期联系在一起。单纯的言语很难显示我们潜在的情绪模式。幸运的是，使用神经营销工具，我们可以更客观、更准确地记录与利益刺激有关的情绪状态。

进化心理学家以及认知神经科学家倾向于将情绪反应视为一种适应机制，这种机制已经进化了数百万年，以确保我们的物种能够在困难的环境中生存。达尔文在《人与动物的情感表达》（*The Expression of the Emotions in Man and Animals*）一书中坚持认为，所有动物的情绪都是由神经系统连接和产生的。而且，在生理层面上，亚洲人的情绪系统与高加索人的情绪系统并无不同。同样，意大利人和法国人的边缘体系之间也没有明显的结构差异（尽管法国人一定会提出异议）。然而，一些研究显示，被试在报告心理反应时存在文化差异，这证实了我们的判断：人们会对心理反应进行有意识的解释。但这种解释一定不如直接测量原始大脑来得可靠。[18]

测量广告刺激产生的情绪神经生理反应

许多神经科学研究已经提供了确证，我们可以通过神经生理追踪测量情绪的变化。[6, 19-22]兴奋的时候我们会出汗，对某事感兴趣的时候我们的瞳孔会放大，集中注意力的时候我们的心跳会放缓，思考的时候我们的神经元会被激发。然而，阅读那些描述神经生理变化的同行评审论文，你很快会头疼，甚至打瞌睡。幸运的是，我们替你完成了这项富有挑战性的工作，发现了大脑中与情绪影响相关的最重要的见解。

事实上，有 3 个重要的指标可以用来评估情绪信息对神经系统的影响：情绪效价（emotional valence）、情绪效用（emotional utility）和情绪编码（emotional encoding）。神经营销人员使用这些核心指标测量和优化信息对大脑的影响。

情绪效价

效价是情绪的方向。积极效价的情绪帮我们接近刺激，而消极效价的情绪会使我们远离刺激。效价由神经递质、神经肽和激素进行调节，这些大脑中的化学物质负责体验情绪，如害怕、惊喜，甚至是幸福。人类可以体验到大约 5 000 种情绪，所有情绪都可以用效价进行单独编码。[23] 我们也可以按照决策重要性来解释效价。例如，买汽车可能产生比买牙刷更高效价的影响。我们每天只激活有限的情绪组，这些情绪组被称为原始情绪。[24] 研究还表明，有限的一组原始情绪能产生通用的面部表情。[12, 25]

情绪效用

效用是大脑评估决策的重要性和紧迫性时所做的快速得失计算。大脑在评估说服性信息的相关性和价值时，会快速计算出预期效益超过成本的可能性。尽管你可能没有意识到，但当你看到一份销售报价时，你的大脑就开始忙于计算总收益是否超过必须支付的成本了。净差额通常被称为该决策的效用[26] 或增益，这是一个关键的神经地图概念，我们会在第七章进一步讨论和展示。

更重要的是，有两种强大的情绪会对任何购买决策效用的感知产生影响：害怕后悔和害怕损失。

当结果不是我们期望的，我们就可能后悔。当你认为决策的效用达不到预期时，就会发生这种情况。另外，当我们不再拥有或无法控制我们认为有价值的东西时，我们就会体验到失落感。来自斯坦福的克努森（Knutson）和他的同事[27] 提出了令人信服的神经成像证据，表明我们在预期得或失的时候使用不同的脑回路。害怕损失会激活脑岛（当我们感到厌恶时也会触发脑岛）并抑制前额叶内侧皮层的活动，而期望收益时则会刺激伏隔核（nucleus accumben，NAcc），使其更活跃。伏隔核是一种皮质下结构，属于基底神经节的一部分，也是原始大脑控制的奖励系统的关键组成部分。克努森的研究证实，当面对艰难的选择时，我们倾向于表现出避免损失的行为，而不是使用理性思维，这一科学事实是神经地图基本原则的核心，它也解释了原始大脑的主导地位。

哈瑞①和他的同事还发现了参与计算效用或决策收益的两个特定的大脑区域：腹侧前额叶皮层和腹侧纹状体。腹侧纹状体（也是基底神经节的一个子结构）的作用特别有趣，它负责奖励学习行为和新奇决策。腹侧纹状体活跃还会带动脑干处的多巴胺神经元兴奋，而脑干是原始大脑一个关键的皮质下结构。

情绪编码

情绪编码代表信息对记忆的影响，以此测量说服为何成功。能够记住一则广告同选择这一品牌的概率呈正相关。[28, 29] 毕竟，如果你都不记得那个品牌，怎么会在众多品牌中最终选择它呢？自20世纪90年代以来，关于大脑如何进行信息编码的研究受到神经科学家们的高度关注。虽然总体来说，破解神经密码依旧非常困难，但我们已经清楚大脑的皮质下区域（如海马体和杏仁核）在创造和维持长期记忆方面发挥了重要作用。[17] 令人惊奇的是，在很大程度上是原始大脑控制着我们短期记忆和长期记忆的关键功能，而我们很少能意识到这一点。

波格丹·德拉刚斯基（Bogdan Draganski）和他的同事[30] 进行的研究也表明，大脑灰质的体积会随着学习的深入而增加，这为科学家提供了更具体的方法来测量情绪标记与神经结构的关系。知道那有多酷吗？存储信息的次数越多，大脑中创建的回路就越多。一项针对伦敦出租车司机的研究[31] 证实，由于需要记住伦敦25 000条街道的名称和位置，出租车司机的大脑海马体比大多数人都大。

---

① 此处当指克努森。——译者注

这是因为海马体负责存储和组织我们的长期记忆。你可以把你的长期记忆比作一种肌肉：越努力，越强大。

神经营销研究矩阵

现在你应该已经理解了，为什么只有神经营销能够回答那些研究问题，以及从神经系统的各个分支收集数据的重要性。

我们将所有传统的营销研究方法与最流行的神经营销方法做个比较（见表 2-1）。除了语音分析没有太多同行评审的研究支持，表中列出的其他神经营销方法已经被学界广泛接受，并使用了相当长的时间。

表 2-1　神经营销研究矩阵

	原始大脑	理性大脑	
探索层面	注意力和情绪	认知和回忆	
测量	接近或避免引起视觉注意	联想 / 意图 / 相信 / 态度 / 意识 / 记忆力 / 决策	
意识层面	潜意识	潜意识 （暗示）	意识 （明示）
语音分析	✕		
计量生物学识别（EDA–HRY–RSA）	✕		
面部解码	✕		
眼动追踪	✕	✕	✕
脑电图	✕	✕	✕
功能性磁共振成像	✕	✕	
自我报告数据（小组 / 调查 / 访谈）			✕

研究广告刺激是为了探究人们对广告产生反应的根本原因。这一探索旅程有多个层面。最原始的反应是我们产生注意力并做出相关的情绪反应。这些反应主要由皮质下的大脑结构控制，这部分结构形成了我们说的原始大脑系统，它的运行主要在我们意识范围之外。而理性大脑或大脑皮层是我们用来获得推理、语言和预测等更高认知功能的系统。人类做的大量计算和预测并不完全是有意识的。例如，在视觉皮层中进行的大多数视觉处理计算都发生在无意识的情况下。同时，由于有大脑皮层，我们有能力观察和报告许多经历。例如，我们可以有意识、有目的地利用语言进行批判式思考，可以解数学题、进行自我反省，更为重要的是，我们能评估风险并做出预测。

我们可以通过语音分析、追踪皮肤电反应或者皮肤电活动、心率变异性、呼吸性窦性心律失常、眼动追踪、面部解码、（脑电图）前额叶支配以及功能性磁共振成像（记录血液流动变化）来监测原始大脑的活动。高分辨率功能性磁共振成像还可以测量在上丘区域进行的早期视觉处理。简要地介绍一下，上丘是一个鲜为人知但非常重要的视觉处理站，位于脑干的顶端，在我们还不知道看到什么之前、在看到的内容还未到达进化程度更高的皮质区域之前，就是上丘在帮我们看。[22]

我们可以通过脑电图、功能性磁共振成像和眼动追踪来测量理性大脑的活动，视觉皮层对视觉活动的处理是在有意识的状态下进行的。视觉系统位于皮层，有20多个不同的区域，神经元在将信息传递到另一个区域之前进行了大量的计算。我们意识层面之外的原始大脑先对信息进行直观解码和自动解码，从而产生视觉感知，随后传递给理性大脑背后视觉皮层区的特殊神经元，只有此处才能生成视觉认知。

作为一个说服专家，你要清楚，除非你探寻客户多层面的意识，否则不可能完全解码一条消息对他们大脑产生的影响。好消息是借助神经营销工具，认知心理学家和神经科学家已经对神经计量学下了定义——10多年来神经计量学一直用来测量注意力或情绪。例如，我们知道皮质下区域驱动我们的注意力，我们可以使用皮肤电导率的唤醒数据来测量注意力的强弱。我们也知道，情绪变化会导致面部肌肉轻微收缩，由此，我们可以通过对面部肌肉的检测实现对情绪变化的实时监测和解码。此外，我们还可以测量某些脑电波的强度和频率的变化。我们可以利用脑部的电活动评估认知努力程度，并使用经过测试的算法来预测认知参与程度。我敢下一个定论，相比传统营销人员在如何测量注意力、情绪、意识和参与方面进行的激烈争论，神经营销人员在测量这些指标方面并无大的争议。

对于神经营销人员来说，对注意力、情绪、记忆力等概念的界定是通过神经元活动的模式确定的，而不是通过不同调查公司的不同调查对象的主观解释来确定的。此外，传统调查中用来测量这些状态的工作需要复杂的认知过程，这常会导致回答失真。一旦认识到控制和影响决策的潜意识机制的重要性，我们就会发现自我报告的方法并不能得到关于消费行为和购买决策的完整而准确的描述。

总之，指望营销人员仅仅通过与受众进行简单的对话就能解码广告效果的想法十分荒谬。这就是为什么民意调查不能预测竞选结果[32]，也无法预料绝大部分（75%~95%）新产品的失败。[33] 只有神经营销方法能客观地评估你的信息对受众大脑的影响，因为那是他们无法有意识分享的部分。此外，你还需要确保你的研究考虑到两个大脑系统，它们涉及多个关键的大脑结构。虽然我们目前没有直接测量许多子结构的活动，但我们知道它们会影响说服性信息在潜意识和显意识层面的处理结果。表 2-2 介绍了在处理说服性信息方面发挥重要作用的最关键的大脑子结构。

虽然有很多方法可以收集大脑数据，但我们认为，一名称职的神经营销人员必须结合传感器探测大脑多区域的数据，这样才能解码说服是如何实现的。在销售脑中，我们使用语音分析、皮肤电活动、面部解码、脑电图和眼动追踪来监测原始大脑的活动，还使用脑电图或脑电波来记录理性大脑的活动。我们已经开发了给原始大脑和理性大脑活动评分的专有算法，以及一个整体性的神经说服评分系统——神经地图评分。我们使用 Imotions 开发的软件收集原始数据（见图 2-8）。

表 2-2　原始大脑和理性大脑的关键子结构

原始大脑	理性大脑
脑桥：控制睡眠和唤醒	**额叶**：控制重要的认知技能，如解决问题、工作记忆、目标设定、集中注意力、情绪控制和预测，常被理解为"人格控制面板"
延髓：掌管关键的生存功能，如呼吸和心率。内有网状激活系统，控制睡眠和调节唤醒	**顶叶**：感觉合成，包含主要的感官区域，解读来自皮肤和触摸的冲动，负责空间和数学处理功能，负责书写和身体姿势控制
小脑：调解自动运动	**颞叶**：包括原始听觉皮层。它对记忆联想的形成至关重要。90% 的人的语言功能都形成于左颞叶。许多结构的边缘系统位于颞叶。它是处理语义知识概念的重要结构。它还包括梭型区，负责解码人脸和相关表达
扣带回：参与许多自主的、情感的和基本的认知反应，包括语言的早期形成	
基底神经节：培养学习习惯和运动顺序	
杏仁核：调解恐惧，操控身体以面对或避免意外情况	
海马体：组织和储存长期记忆	**枕叶**：包含视觉皮层的大部分结构区域。它有 30 多个不同的皮质视觉区。原始视觉皮层的简单细胞计算边缘，复杂细胞使用简单细胞算出的信息表示形状。视觉感知就像一个分析过程，一些神经元对颜色敏感，其他神经元对轮廓敏感，一个连贯的呈现就能创造出整体视觉印象
下丘脑：指挥多项反应，以保持身体处于平衡状态	
丘脑：脑干和皮层之间运动与感觉信号的中继站	
中脑：快速处理，应对外部刺激	

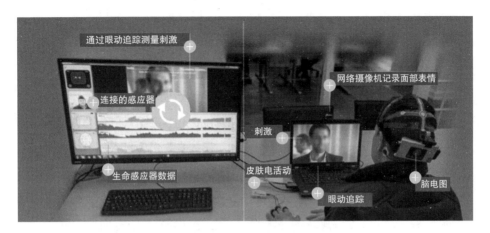

图 2-8 销售脑公司的神经实验室

本章要点

- 大脑是经过数百万年演化形成的复杂网络。

- 认知功能是在我们进化后期出现的,而我们最基础的、基于生存反应的神经回路是早期进化出来的。

- 在过去的 30 年里,有大量研究解释了注意力和情绪对我们的影响,以及它们的影响对我们决策所起的动态作用。

- 神经营销不仅可以帮助营销人员测量那些来自自主反应和本能反应的神经生理活动,还能测量中枢神经系统调节的认知和情绪活动。

- 最近的研究表明,神经科学方法在影响大脑信息加工的隐性处理过程中提供了有价值的见解。

- 现在有各种各样的工具可以生成数据,提供补充信息,帮助我们理解消费行为、说服效果和媒介效果。

- 每种方法都可以提供重要的见解,但如果不对皮质下的活动(原始大脑）和皮质活动（理性大脑）进行测量，对大脑数据的解释就不可能准确、有效。

- 你不需要成为一个神经科学家就能理解测量的重要性：测量可以帮助你理解你的信息产生的真正影响，而这些信息比人们能告诉你的要多得多。神经营销是为了帮助你一次性找到所有适合大脑、适用于说服性信息的有用信息。

- 神经营销研究帮助我们开发了一个令人信服的理论模型，你可以在不进行复杂研究的前提下学习和应用该模型。这一模型就是神经地图。

第二部分
解码说服理论

要让说服有效，就需要用各种信息刺激人们的原始大脑。神经地图提供了 6 种高效的刺激方式，即切身刺激、反差刺激、可感刺激、易记刺激、可视刺激和情绪刺激。运用这 6 种刺激，你的信息就可以获得最佳说服路径。在投放信息前，你可以运用附录中的评分工具，快速核算信息得分，并根据结果优化信息。

第三章

神经地图：基于大脑的说服理论

在理论中，理论和实践是相同的。在实践中，它们是不同的。

——阿尔伯特·爱因斯坦（Albert Einstein）

我们用了近 20 年来研究销售和广告信息如何影响我们的大脑。在这些工作的基础上，我们创建了神经地图，就是你即将了解的说服模式。说服并不容易，以往它更多作为一门艺术而非科学，直到最近，情况才有所改变。通过解构信息对大脑的影响，我们创造出一种简单却科学的模式，可以帮助我们随时随地、针对任意目标人物，运用说服性信息。神经地图会让你的说服尝试更有成效，且风险更小。那么，有多少广告应用了说服模式呢？你也许期待那些广告花费达几百万美元的公司能一直用科学的说服模式指导它们进行广告设计。然而，大多数公司并非如此。

最近，我决定全面研究公共卫生信息和宣传活动对青少年的影响。[1] 相关机构每年花数亿美元做广告，用来警告我们吸烟有害健康、毒品致命、边开车边发短信轻率且危险。然而令人失望的是，我发现美国大多数公共服务广告并没有使用说服模式去指导创意开发，基于大脑的说服模式几乎没有得到任何应用。惠特尼·伦道夫（Whitney Randolph）做的一份荟萃分析①（这是我能找到的唯一一篇）指出所有有关公共服务广告的实证性论文中使用说服理论的不到 1/3。[2] 从我们与许多《财富》500 强企业打交道的经验看，这一趋势不只体现在公共服务广告活动上，它也是大多数广告宣传的常态。我相信这也正是大多数广告宣传失败的原因。那么，说服理论到底是什么？为什么它能帮我们省时、省钱呢？

流行的说服理论

说服理论是一个能够解释和预测信息的影响或说服概率的模式。据推测，良好的说服模式能够帮助信息表达者以更系统的方式做出更有说服力的表述。流行的说服理论可能令人疑惑。有几个模式已经被引用了数十年，然而几乎没有什么证据能说明其有效性。最流行的模式之间的差异凸显出研究人员在解构参与解释和预测说服效果的关键过程中遭遇的挑战。下面介绍的内容一方面解释了传统说服模式令人疑惑的原因以及研究人员产生分歧的原因，另一方面它还表明新兴的神经认知模式为设计和测试更有效的广告信息提供了可能。

下面简要介绍过去 20 年里最流行的说服模式，其中不少说服模式只有学者或说服理论研究人员听说过，因此，你只熟悉其中几个便不足为奇了。

阐述可能性模式

在认知理论运动的启发下，这个模式[3]主张说服性信息会触发一连串经过中心（认知）或外围（情绪）路线的、逻辑化的心理过程。这两条路线代表信息

---

① 荟萃分析（meta-analysis）是用统计的概念和方法收集、整理与分析之前学者、专家针对某个主题所做的众多实证研究，希望找出该问题与所关切的变量之间的明确关系模式，可以弥补传统文献综述的不足。——编者注

接收者理解信息含义时所处的思维层次。中心路线确保信息得到进一步思考（或阐述），在这种情况下，信息就能为说服服务。如果经由外围路线处理信息，则可能达不到刺激的效果。根据阐述可能性模式的理论，好的信息只有在更为深入的个人层面上引起共鸣时，才能实现说服效果。阐述可能性模式的支持者认为，有效的广告必须包括强有力的证据，以获得说服性信息主张的可信度。尽管广受欢迎，阐述可能性模式却有个重要缺陷：它武断地认为只有在信息接收者对信息内容有所认知的情况下，说服才有可能实现。神经地图和过去十年中的多数神经营销研究并不支持这种观点。

心理阻抗理论

根据这一理论，人们有自我意志独立的需求，在这种需求的强烈激励下，人们往往不愿接受他人的规则和建议。[4]心理阻抗理论预测，如果人们认为选择自己想要的生活的自由受到攻击或限制，他们会产生一种强烈的反抗意愿（作为一种消解压力的方式）。一般来讲，人们认为阻抗会在青春期达到峰值，因为这个时期青少年受强烈的独立动力驱使，常常违逆父母的建议，形成自己的信仰和态度。这一模式进一步预测，明确的说服性信息会触发更多抵制而不是隐含的说服意图。格朗普雷（Grandpre）[5]还表示，随着年龄增长，青少年对说服性信息的抗拒会随之增强。这可以进一步解释为什么借助父母角色讨论吸烟的危害的广告是无效的。[6]这个模式认为人们总是能有意识地识别说服性信息。而神经营销研究获得的证据说明这个观点已不再无懈可击。

信息框架法

这个模式基于这样的概念，即说服性信息的表达分两类：表达损失——如果接收者拒绝行动/购买失败；表达赢得——如果接收者同意行动/购买。[7]当人们的风险意识增强或不行动就会遭受损失时，表达损失的信息就会产生显著的效果。例如，如果你一边开车一边发短信，可能会撞死人；如果你不买保险，房子失火，你就可能遭受财产损失。采用这种方法做的实验显示，表达损失的信息在预防风险行为上比改变风险行为效果更好，这也意味着其效果是短时的。[8-10]我们的研究还显示，在原始大脑的作用下，表达损失的信息往往比表达赢得的信息更有效。

调节信息处理的有限能力模式

有限能力模式是另一种受认知心理学启发的模式。它基于一系列实验研究提供了一个概念框架，这些研究测试信息元素在关键认知功能上会产生影响，比如编码、存储、检索、信息处理。[11]这一模式显示大脑资源可能被平均分配给几个认知子过程，这会导致接收者回想的信息与原始信息对他们产生的整体影响并不一致。应用有限能力模式的研究指出，和大学生相比，青少年能记住公共卫生广告的更多细节，但只有较高的叙事速度才能令他们保持专注。这一模式表明青少年和成人间存在关键认知上的差异，这些差异可能改变处理说服性广告信息的子过程[12]。然而，由于缺乏科学依据，这一模式并未得到当今说服科学家的充分重视。

卡尼曼的双脑模式

双加工理论最初是由斯坦诺维奇（Stanovich）和韦斯特（West）[13]提出的，也被称为系统1和系统2理论。诺贝尔经济学奖得主丹尼尔·卡尼曼通过他的开创性著作《思考，快与慢》（*Thinking, Fast and Slow*）[14]将这一理论推广开来。这种方法简单而深刻。这一研究模式的目的是研究多项决策任务认知过程中的知识原理，该理论框架还有另一种价值，它拓宽了认知心理学的边界。事实上，它直接说明了人类认知偏见的本质，以及这种偏见如何影响我们的日常选择。对于卡尼曼来说，人们通常进入两个决策系统，这两个决策系统负责处理对立或者不同的选择事项。系统 1 是大脑最原始的部分，是自动的、无意识的，不消耗脑力。系统 2 是我们大脑的最新部分，是有意图的，需要更多的意识、获取更多的认知资源，以确立目标和预测决策结果。卡尼曼认为，系统 1 支配了我们的大多数决策（见图 3-1）。

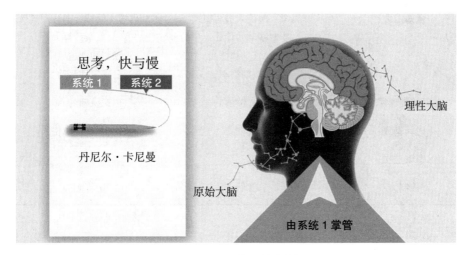

图 3-1　思考，快与慢

销售大脑的主控模式：神经地图

神经地图将双系统模式（见表 3-1）进一步扩展。我们认识到，尽管神经科学家们对于两个系统的边界一直持不同意见，但这个概念在神经营销界依然被广泛接受。在销售脑中，我们把系统 1 称为原始大脑，把系统 2 称为理性大脑，原始大脑不仅支配着我们的决定，还主导着说服过程。我们已经介绍了原始大脑和理性大脑之间的关键差异，但需要重新强调一下。

表 3-1　双系统模式

	原始大脑	理性大脑
进化年龄	5 亿年	300 万 ~ 400 万年
处理	快但有限	慢但明智
认知能力	非思考 – 阅读 – 书写模式 非常基础的计算 警惕、直觉和感受 驱动短期活动	思考 – 阅读 – 书写模式 复杂计算 预测和评估风险 确定性活动
主导的处理层次	本能的和情绪的	认知的
时间管理	仅现在	过去、现在和将来
意识层次	低	高
控制力	非常低	中等到高

　　原始大脑仅"活"在当前，因为对于以生存为中心的大脑来说，时间概念太过抽象。就进化时间来说，原始大脑更古老，但它处理信息的速度惊人，因为人们全靠它活命。大多数时候，我们意识不到它在活动。例如，我们不会刻意想着去呼吸，在大多数情况下我们都是自然而然地呼吸，这些动作都由潜意识管理。因此，原始大脑来不及过多思考，当然也不能读、写或算。它主要依靠警觉、直觉和感受指导行动。因为它反应最快，所以担负监管生存的职责，我们有理由相信，原始大脑也主导着说服的过程。原始大脑的默认处理风格是本能的、直觉的和前语言的。但大多数说服性信息的处理方式恰恰与此相反，它们总是鼓励人们去做长期的决定，还使用文本去证明。这样的做法根本不适用于原始大脑。

　　与原始大脑相反，理性大脑更年轻、处理信息的速度更慢，有思考、读、写、进行复杂计算的能力。理性大脑能穿越时间，去预测和评估风险，参与长期目标的制定。记忆是一个高度分工系统，理性大脑的关键回路允许我们在相当长的一段时间内归档、组织和检索信息。有了前额叶，我们还可以把大量注意力投向对未来的思考。事实上，你甚至觉得我们很少真正活在当下，因为我们总是迷失在对过去和未来的忧虑之中。理性大脑使我们有了这些意识，可以反思经验，可以与他人分享。相对于原始大脑，我们更有能力控制理性大脑。

神经地图：自下而上的说服效应

当我们在 2002 年第一次向公众介绍说服模式时，我们指出爬行脑是最终的决策者。这个说法是有争议的，或者说是激进的。当时没有今天这样充分的科学证据支持这一理论。确实，从 2002 年开始，我们才从积累的研究和案例中确定，说服性信息只有在开始影响原始大脑（也就是系统 1）时才起作用。而原始大脑受爬行脑影响颇大，爬行脑是一个由脑干和小脑组成的系统。神经地图模式就是基于原始大脑对理性大脑的主导实现说服效果的。神经地图预测，当一条信息符合原始大脑的工作模式时，它会被快速传给大脑的高级区域，那里会对信息进行审慎而逻辑化的详细说明。我们可以看到，神经地图不但支持卡尼曼和他的系统 1 规则提出的双加工模式，还提供了可直接应用于说服性模式的理论支撑。现在我们确信，成功的说服性信息必须先抓住原始大脑，再说服理性大脑。我们将其称为自下而上的说服效应。

图 3-2 是一则保险广告。由于原始大脑不能处理文本，因此文本信息只能靠消耗大量注意力的理性大脑来处理，但理性大脑不能控制意识能量的初始流动，因此信息很快就被丢弃了。

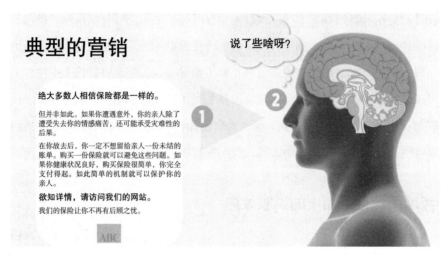

图 3-2　一则保险广告的例子

相反，这个文本信息有更好的机会触发原始大脑，让其做出回应。如图 3-3 所示，挑衅或者令人震惊的信息会抓住人的注意力，引发自下而上的说服效应。在日常生活中，我们并不会思考保险的价值或重要性，但如果我们被提醒可能很快会死掉，我们就会开始思考这个问题。

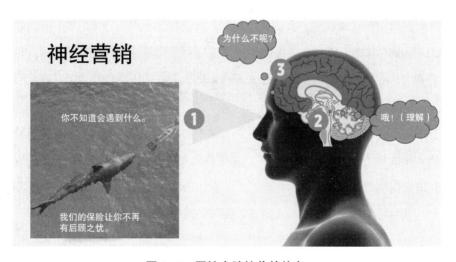

图 3-3　原始大脑接收的信息

证明原始大脑的主导作用

还有更多方法可以快速展示原始大脑持续发挥的主导作用。例如，快速计算图 3-4 中的算式。如果那块饼干的价格比那块糖果高 1 美元，那么糖果的价格是多少？

图 3-4　糖果等式

答案是 5 美分，不是 10 美分！好像很奇怪，95% 以上的测试对象在计算这道简单的数学算式时出错了。原因就是原始大脑在直觉和快速反应的主导下，让他们得出了错误的结果。图 3-5 的测试题是另一个展示原始大脑主导作用的例子，你会怎么选？

你必须选择

选项 1：有 50% 的机会赢 1 000 美元，
有 50% 的机会赢 0 美元
选项 2：有 100% 的机会赢 500 美元

图 3-5　收益最大化选择

大多数人会选第二个选项，因为 100% 的比例让这个结果看上去更正向、更吸引人。这个选项让人产生一种能得到最高收益的想法，尽管用数学计算，两个选项的收益预期是一样的。

现在思考图 3-6 中的选项，你会选择哪个？

你必须选择

选项 1：有 50% 的机会输掉 1 000 美元，
有 50% 的机会输掉 0 美元
选项 2：有 100% 的机会输掉 500 美元

图 3-6　避免损失选择

你很可能会选择选项 1，而且你很可能比评估前一个问题的两个选项时反应还要迅速。选项 2 让你产生肯定会失去 500 美元的想法，而选项 1 会让你产生可能免于损失的想法。面对这样的选项时，原始大脑会立刻产生避免损失偏误，偏误正是我们做出大多数购买决策时的重要依据。

厌恶损失偏误最初是由卡尼曼和特沃斯基发现的。在此基础上，一些研究者对此进行了量化，认为厌恶损失偏误的效力是赢得价值偏误的 2.3 倍。这意味着如果你损失 1 美元，需要赢得 2.3 美元才能抵消这种偏误。这就解释了为什么销售东西总是很难，因为消费者每经历支付 1 美元购买一件产品的消极情绪，就需要收到至少价值 2.3 美元的产品来产生积极情绪去消解之前的消极情绪。这也解释了为什么提供半价折扣那么有效：它补偿了 2.3 倍厌恶损失偏误的影响。

神经地图还可以解释许多认知偏误。

认知偏误是可预测逻辑原因的偏离模式。认知偏误会阻碍我们做出系统的、理性的决策。心理学家已经针对这些偏误的性质进行了几百年的研究，最近有一位热衷于破译人类行为的软件工程师，名为巴斯特·本森（Buster Benson），他提出一套有趣的术语，命名了 188 种这类偏误。[15] 许多社会偏误源于人类的自我中心主义[16-18]，目的是保护人的自尊。虽然对这个话题进行充分讨论超出了本书的范围，但是，我们相信，通过认知原始大脑对理性大脑的支配，我们可以对许多这类偏误做出解释。如果我们的所有行为都是理性的，这些偏误就不可能存在。

错误管理理论和认知偏误

基于错误管理理论（EMT）的演变，心理学家马尔蒂耶·哈兹尔顿（Martie Haselton）和丹尼尔·内特尔（Daniel Nettle）[19] 提出一个可以整合大多数认知偏误的有力模型。根据错误管理理论，我们置身于"妄想的乐观"的动态张力之下，一边要"安全"，一边求"刺激"，忍受着两种欲望作用下的痛苦。但也正是这种拥有张力的矛盾性质驱动着人类的生存、进化。例如，哈兹尔顿和内特尔认为，为了增加基因传递的机会，男人倾向于高估女人对他们的欲望，而且数千年来，这种趋势不断强化，这使得来自同一个基因库的孩子的数量持续增加。他们还认为，决策制定已经演化得会让我们犯"可预见的错误"。他们假设 EMT 预测人类心理学包含演进了的"倾向犯某一类错误而非另一类错误的决策规则"。

神经地图还能解释和预测相同的偏误。原始大脑的主导作用在危及我们生命的事件中至关重要。在认知能量不足以及需要快速行动时，原始大脑会启动风险最小化程序。而理性大脑在处理危机时通常过于乐观，要在避免过于乐观的同时避免风险并不容易。例如，在健康问题上，理性大脑往往过度乐观。[20] 在这种情况下，错误管理理论声称我们对来自外部的伤害比来自内部的伤害更敏感。这意味着我们对风险来源的理解会产生偏误。神经地图再一次预测到了这一点。外部威胁对于原始大脑来说是紧急信息，会触发我们避免风险和不确定性的本能反应。然而，内部威胁通常更为复杂，需要理性大脑调用认知资源，因此，在做选择时，理性大脑更自然地倾向于选择乐观和希望。哈兹尔顿和内特尔称这一现象为"妄想的乐观"。这解释了为何我们对环境恐惧（原始），但是对自身乐观（理性）。

最常见的认知偏误

我们总结了一些典型的认知偏误，这些概念经一些学术权威和成功作家的介绍而广为人知。比如马尔科姆·格拉德威尔（Malcolm Gladwell）、丹·艾瑞里和巴斯特·本森。

马尔科姆·格拉德威尔的著作《眨眼之间：不假思索的决断力》（*Blink：The Power of Thinking Without Thinking*）[21]讲述了一个奇怪的现象，人们经常会因为信息有限而做出荒唐的决定，他称这种偏误为"薄片分析法"。他从科学家、医生、高管、艺术家等人群中寻找了许多案例，尽管其中不乏聪明人和受过良好教育的决策者，但这些案例中的选择依旧在眨眼间被做出，许多决定甚至毫无逻辑可言。格拉德威尔没有研究"薄片分析法"的神经科学原理，但神经地图可以对他描述的许多情况做出解释。例如，当信息太多时，原始大脑会接管信息的处理工作，而这时，理性大脑的运作会停滞。此外，当我们被原始大脑主导的时候，大量的情绪因素会在意识范围之外影响我们的决定。尽管原始大脑控制决策有一些显而易见的好处，但它也可能导致我们做出非常糟糕的选择。还记得糖果值多少钱的例子吗？正因为原始大脑接管了信息处理工作，人们才会犯错。

另一本讨论决策缺陷性质的重要著作是丹·艾瑞里的《怪诞行为学：可预测的非理性》（*Predictably Irrational*）[22]。这本书介绍了几种影响决策的认知偏误，它们的产生基本上都是因为原始大脑控制了意识外的信息处理过程。接下来，我介绍几个认知偏误。

相对性偏误

为了做出决策，我们需要一些有明显差异的选项做对比。实验人员提供两个差不多的选项和一个完全不同的选项，促使大多数人选择第三个。这种快速的选择就是由原始大脑做出的。当一个选项和其他选项有明显的差异时，原始大脑就可以高效地掌控我们的选择。

锚定偏误

我们的首次决策会对日后相同产品或方案的决定产生深远影响。这意味着，我们注定会重复让我们感到满意的决定。这就是习惯产生的原因。原始大脑这样做是希望通过找回旧的行为模式来减少认知消耗。这就是为什么很多人觉得改变日常行为习惯，甚至换个牙膏品牌会那么困难。

零成本偏误

我们喜欢免费选项胜过收费选项，因为我们认为不值钱的东西没有风险。艾瑞里认为，"包邮"之所以如此有效，是因为人们对在物品价格之上增加任何成本都会反感，而"包邮"恰好消除了这种情绪。零成本偏误实际上反映的是原始大脑的避免损失偏误。排队等候免费冰激凌是不理性的，然而很多人在这样做，因为原始大脑处于主导地位，大脑寻求的是即时的满足。

社会规范偏误

我们会根据所在社区的期望（社会规范）行事，这种期望也会影响我们对市场产品的反应。如果产品符合社会规范，我们会接受；如果不符合，我们会拒绝。这也解释了为什么原始大脑（要遵从降低风险和减少后悔的生存原则）和理性大脑（要对市场报价进行评价）不一致会中断信息自下而上的说服效应。神经地图预测，要想让信息或产品对顾客有效，它们必须能同时对原始大脑和理性大脑产生刺激。

多选项偏误

根据艾瑞里的说法，相比于较少的选择，我们更喜欢多种选择。但在面对生存选择时，显然是选项越少越好，这有利于原始大脑迅速做出选择，我们认为，原始大脑讨厌太多的选择，但理性大脑并不介意进行深入评估，只是这么做可能会延迟决定时间。这就在做决策时产生了矛盾。我们倾向于说我们想要更多选择，但在大脑的更深层次上，我们又不想面对多种选择带来的认知负担。神经地图认为，仅有一个好决策时，一个有说服力的信息就会触发你做出决策。

期望偏误

我们的期待会影响我们的行为。这种偏误是原始大脑支配理性大脑的直接后果。众所周知，我们的想法是在大脑的原始下皮质区域形成的。我们的想法会成为我们的期待，而我们的期待会否决那些基于逻辑和理性产生的需求。

认知偏误表

整理一份最常见的认知偏误表是极富挑战性的工作。学者们尚未就关键的定义达成一致，因此这仍然是他们热议的话题之一。然而，2016 年，热衷于破译人类行为的软件工程师巴斯特·本森提出一个有趣的术语集，命名了 188 个偏误。[15] 他的工作成果如图 3-7 所示。这个图并未充分展现所有内容，所以我推荐你去网上搜索完整的认知偏误表。

尽管本森的工作只是探索性的，但其成果还是令人印象深刻。令人兴奋的是，神经地图可以解释和预测这个模型识别的所有类别的认知偏误，比如下面这些。

信息过多。原始大脑的主导地位建立在生存优先的基础上，这些已深植于我们的生命机理。认知则是后来者，我们无法处理大量信息、花大量时间去寻找模式或者为决策苦恼。过多的信息会让原始大脑停滞。

意义不充分。原始大脑没有认知资源来计算和处理大量复杂的数据。如果一种情况的模式是全新的，而不是紧急的或相关的，原始大脑将无法通过检索以前存储的命令集来快速处理信息。我们之所以喜欢流畅、快速的认知过程，是因为它能节省我们宝贵的能量。

时间不够用。时间的长短与大脑处理信息需要的能量直接相关。对于原始大脑来说，处理信息的时间越短越好。所以费时间的事对古老的原始大脑来说没有任何吸引力，因此也就得不到重视。

记忆力不够强大。人类的大脑不能储存太多信息。原因很简单，为记忆而进

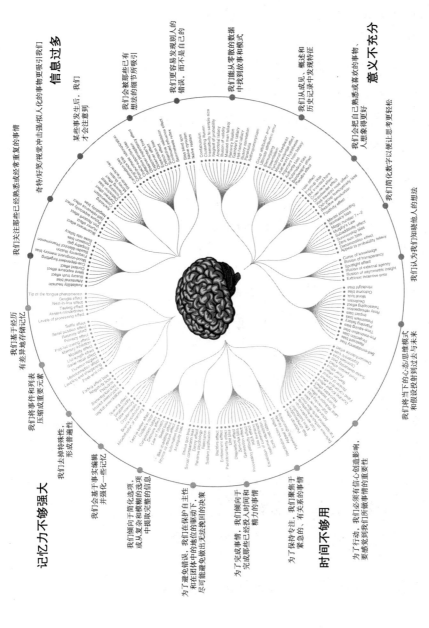

图 3-7 认知偏误表

注：经巴斯特·本森允许使用。

57

行的信息编码非常消耗能量，这些能量本来被用于保持和检索记忆。最近的研究表明，记忆过程会将特定的神经元量添加到我们的记忆中。利用光线刺激神经连接，马利诺（Malinow）博士和他的团队通过刺激老鼠大脑中的突触成功地移除及恢复了某些记忆。[23] 这进一步证明，大脑乐于接收那些容易在短期记忆中保存的信息，而不是高度依赖长期编码的信息。

总结一下，神经地图为制定和调度有说服力的信息提供了一个简单而实用的模型，它遵循线性的创造性制定过程，帮助你考虑各种认知偏误。通过设计一系列步骤，神经地图让你的说服产生最大化的影响。启动原始大脑仅仅需要 6 个刺激。这 6 个刺激会提供简单指南，指导你创造更有效的说服信息。20 年来，科学和实验证据都能证实这 6 个刺激模型的价值。

本章要点

- 说服研究已经开展了几十年，但在很长的时间里，潜意识大脑结构所起的巨大作用都被旧有模式忽视了。
- 说服意味着在原始大脑和理性大脑这两个主要大脑系统间生成自下而上效应。
- 神经地图显示，说服性信息只有先对原始大脑产生影响后才能发挥作用，它能放大或中止说服意图。而原始大脑是大脑的基础部分，会对情绪、视觉和可触的刺激产生反应。
- 一旦信息让原始大脑"忙不过来"，说服信息就会被传送到大脑的高级区域，在那里，大脑倾向于按顺序处理信息，并在前额叶区做出决策。
- 188 个认知偏误中的大多数都能通过神经地图进行解释和预测。

第四章

用 6 种刺激说服原始大脑

情绪系统和理性系统需要保持平衡，人类大脑的自然选择已经让两个系统达到了最佳平衡。

——大卫·伊格曼，神经科学家兼作家

在第三章中我们了解到，通过分析信息对原始大脑的吸引程度，我们可以解释和预测说服的效果。表 4-1 将带你从神经地图的科学原理过渡到实际应用。我们已经认识到 188 种认知偏误的价值，其中，我们相信原始偏误（其他偏误之上的偏误）的数量是有限的，元偏误能够解释和预测为什么我们在选择时如此不理性。我们已经确定了 6 个原始偏误，它们可以解释说服信息作用于大脑的机制。这些原始偏误都源于原始大脑的主导地位。刺激是指环境中可检测的变化，它会使受众的原始大脑做出可预测的反应。我们建议将 6 种刺激（见图 4-1）组成一个沟通系统，去影响说服对象的原始大脑。

这正是我们将刺激称为一种语言的原因。这个类比很重要，它表明联合使用 6 种刺激可以最大限度地增强信息的说服力。正如学语言，仅仅使用动词是无法进行交谈的。

表 4-1   原始偏误

原始刺激	原始偏误	原始目标
切身	要生存	保护自己免受威胁
反差	要加速	加速决策
可感	要简化	降低认知消耗
易记	要少量存储	记忆有限信息
可视	要看	依靠主导感官渠道
情绪	要感觉	让神经化学物质指导行动

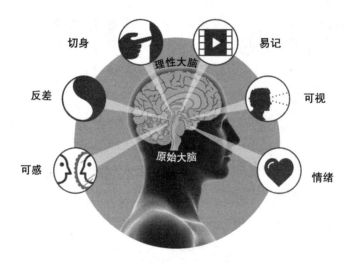

图 4-1   说服科学的 6 种原始刺激

你还可以将 6 种刺激作为一种创新性核查表中的内容，这有助于理解神经地图。在过去的十几年里，有很多人使用这 6 种刺激达到了说服效果。

现在让我们详细探讨每一种刺激。

切身

激活原始大脑的第一个刺激，就是确保你的信息完全以说服对象为中心。由于原始大脑受到生存本能的驱动，人类从根本上是以自我为中心的，会最先关注影响自我的事物。研究动物情绪的神经生物学家雅克·潘克塞普认为："自私的效用促进了许多自私自利行为的进化。"

原始大脑经过数百万年的进化，仍控制着我们最原始、以生存为中心的行为。原始大脑是我们神经系统中最古老的结构，有些部分已经进化了近 5 亿年。虽然原始大脑古老、质量小（约占整个大脑质量的 20%），但在很大程度上，它控制着所有至关重要的功能，如呼吸、消化和自主运动等。原始大脑还产生大量重要的神经递质，如血清素、多巴胺和去甲肾上腺素，这些物质都是单胺类特殊分子的一部分。单胺是化学信使，是大脑活动期间神经元群激发和神经回路形成的基础。因为神经递质影响许多情绪反应，几十年来科学家们一直在对其进行深入研究。每种神经递质都有其复杂的网络，将大脑的古老（原始）区域与新（理性）区域连接起来。

进化论心理学家杰拉尔德·科里（Gerald Cory）[1]有一篇精彩的论文，他在其中提出大脑的"自我保护"机制占据心理行动的主导地位。这就解释了为什么我们总是倾向于去寻求权力、攻击他人，却很少表达同理心。他的这种理论受到保罗·麦克莱恩（Paul MacLean）"三位一体大脑理论"的启发[2]。尽管许多神经科学家对"三位一体理论"提出质疑，但它的优势在于指出了三个主要脑部结构的存在，而且这些结构经历了相当长时间的进化。麦克莱恩创建了"爬行脑"一词，用来描述参与调节呼吸、饮食和生殖等关键生存功能的大脑结构。他认为，边缘系统有很多重要的神经网络参与情绪的处理过程。边缘系统在早期哺乳动物出现时就已经进化出来了，因此被称为古哺乳动物脑。麦克莱恩还观察到，大脑最外层能进行像思考、计划和预测这样的最高层次认知。虽然所有哺乳动物都有这个结构，但人类这部分结构的重量特别大，麦克莱恩称之为新哺乳动物脑。

但随后麦克莱恩模型逐渐被抛弃，很大原因在于我们已经发现基底神经节（边缘系统的一部分）这样的古老大脑结构不仅存在于爬行动物中，还存在于最早期的脊椎动物中。我们发现最早的哺乳动物也有新皮层，可能也具备高级的认知能力。更重要的是，这三层结构之间并不相互独立。因此，麦克莱恩模型还存在很多缺陷，但由于它能很好地捕捉到人类大脑进化的这一生物事实，所以该模型依旧对心理学理论产生了重要的影响，如"三位一体伦理模型"。

三位一体伦理模型

达维德·纳瓦兹（Davide Narvaez）[3]基于麦克莱恩的"三位一体伦理模型"发展出了"三位一体伦理理论"。这一心理学理论基于人类多重道德的神经生物学根源。"三位一体伦理理论"提出三种历经数百万年演变的道德取向：安全伦理（the ethic of security）、参与伦理（the ethic of engagement）和想象力伦理（the ethic of imagination）。安全伦理源于人类应对威胁的紧迫感，它受原始大脑中占主导地位的原始系统驱动，因此，类似恐惧和愤怒的威胁感会促使我们寻找安全感，体现在行动上即以自我为中心。纳瓦兹证实，原始大脑非常专注于自我，它寻求常规、避免新奇，这也解释了制定个人专属信息的重要性，只有这样才能吸引对方的注意力。杰拉尔德·科里也断言，生存驱动和情绪力量对我们的影响十分强大，我们无法有意识地摆脱这种控制。[4]通过对进化论的长期研究，他进一步指出，正如人脑所展示的，那些以自我为中心的、求生存的、利己的主观经验和行为皆源于史前爬行脑驱动下的生存动机。

然而，为了使个体层面的讨论更加完整，我们必须引入弗洛伊德对日常行为中自我支配问题所做的研究。

弗洛伊德的精神分析模型

西格蒙德·弗洛伊德（Sigmund Freud）[5]认为，人的天性是本能的（原始的），其活动主要由先天力（innate forces）控制，不受我们意识的控制。他认为我们的核心本能是性和攻击性。当我们遇到不愉快的紧张感时，本能会被自动激活。在他的精神分析模型中，性本能范畴很广，从纯粹的情欲快感到满足被称为性本能；而攻击性的本能则是一种关于破坏力的需求，想要返回不存在的状态，他将这种状态简单地定义为死亡本能。弗洛伊德认为，降低欲望驱动会使身体恢复自然的稳定状态。

对弗洛伊德来说，在文明社会中生活的代价是要一直感知并保持一种心理紧张的状态。[6]他认为所有行为都有潜在的心理原因，并称之为"心理决定论"（psychic determinism）。基于我们管理精神能量的能力，他提出了由本我、自我和超我构成的人格结构模型[7]（见图 4-2）。

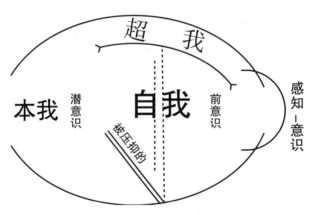

图 4-2　人格结构模型（1933 年弗洛伊德的插图）

本我在我们出生时就存在，并终生隐匿于我们的潜意识之中。它控制着我们精神能量的总体供应，并将基本的生物驱动力转化为疼痛，以避免心理紧张。本我进行信息的初级加工，我们可以将其理解为个性的生物成分。我们认为，本我施加的影响反映了原始大脑对行为的支配地位。在婴儿 8 个月大的时候，自我就会从本我中发展出来。用弗洛伊德的话说，自我是"本我的现实表现，就像大脑的外层是皮质层一样"。

尽管弗洛伊德提出的模型已经有 100 多年的历史，但今天仍有许多心理学家和精神科医生将其视为理解人类行为最重要的基石。它关注潜意识的主导作用，我们认为这是原始大脑对个人行为的直接影响。由于弗洛伊德在他那个时代是一位备受尊敬的神经科学家，因此，当代神经科学家依旧对他的模型保有特别的兴趣，这一点不足为奇。2008 年，马克·索尔姆斯（Mark Solms）接受了《心灵》（*Mind*）杂志的采访，他在采访中与哥伦比亚大学的埃里克·坎德尔（Eric Kandel）[8]（2000 年诺贝尔生理学或医学奖得主）谈到弗洛伊德，强调弗洛伊德最大的贡献之一是提出潜意识机制在健康大脑和有精神障碍的大脑中的作用是一样的。坎德尔还主张精神分析"依旧提供了关于大脑活动最清晰明了、符合心智的解释"。[9] 和坎德尔一样，马克·索尔姆斯也认为，将特定的大脑区域与弗洛伊德定义的人格的三个组成部分——本我、自我和超我连接起来是可行的。本能的本我与原始大脑连接最密切，而情绪自我与高层次的边缘结构和皮层的后感觉中心部分（这两部分被认为是理性大脑）连接最密切。

尽管许多人都不想承认自私是推动行为、驱动决策的关键因素之一，但在理查德·道金斯（Richard Dawkins）看来[10]，这一观点早就被书写在我们的基因之中。在他的著作《自私的基因》（*The Selfish Gene*）中，道金斯提出了令人信服的"基因进化中心论"。自该书 40 多年前首次出版，这一观点一直令科学界感到震惊。道金斯写道："基因在某种意义上是不朽的。根据正统的、新达尔文进化论的判断，我们的基因就是自私的。"

运用切身刺激制定说服信息

有两种方法可以增强信息的切身性和说服力。

第一种是关注受众。你的信息一定要以受众、潜在客户或听众为中心。现在有太多广告或演示文稿没有遵从这个规则。承认吧，你们是否都在演讲开始时说过："早上好，女士们、先生们。今天我想向大家介绍我们公司的价值观、使命和技术。"图 4-3 表现的是听到这样的介绍时，受众的原始大脑会产生的兴趣和兴奋程度。

这说明你并没有以受众为叙事中心，你说的显然都是关于你们的，而不是关于他们的。

图 4-3　人们在听介绍时睡着了

根据卡尼曼[11]的说法，我们每天会经历 20 000 个心理专注时刻，每次持续 3 秒。由于原始大脑倾向于对自我投入，所以在大部分专注时刻，大脑都只是在思考关于我们自己的事。

第二种是专注于受众遇到的问题。我们的原始大脑总是试图保护我们。因此在说服的时候，如果你强调（如果不是夸大）你的解决方案可以规避哪些威胁、风险或陷阱，那么你就会立即获得关注。但是我们看到太多说服方案关注的是介绍（以业务为主），而不是受众遇到的问题（切身）。因此神经地图建议，在提供解决方案之前，你需要提醒受众他们经历过或不想面对的困难。这不是操纵受众或者制造不必要的压力，而是要你认识到，只有既紧急又与切身相关的信息，才能引起受众原始大脑的关注。

关于切身的神经科学

由于没有测试切身信息产生神经生理效果的研究，我们决定创建自己的信息。我们招募了 30 名参与者（一半男性，一半女性，平均年龄为 33 岁），收集了他们的皮肤电反应、心脏（心电图）、面部（面部解码）、皮层（脑电图）和眼睛（眼动追踪）数据。接下来我们就 12 个说服刺激的神经心理变量进行测量，测量每种变量产生的持续视觉注意力、触发情绪、认知努力、认知干扰和认知参与程度。实验设计如图 4-4 所示。

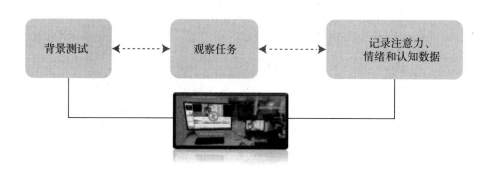

图 4-4　销售脑公司的神经研究

针对切身，我们测试了以下问题。

更为切身的广告能加强其对受众原始大脑的说服作用吗？

我们使用以下广告刺激来检验我们的假设。

穿着飞翼服飞行的视频画面。这段视频是从两个角度拍摄的。

- 切身（客观）视角：观看这段视频时，观众感觉好像自己插上了翅膀在飞行，并看到了风景。

- 非切身（主观）视角：观众看到他人穿着飞翼服起跳、飞行。

以钓鱼为主题的印刷广告。

- 第一则广告重点展示渔船外形，采用以产品特点为主的商业促销形式，强调船只安全、舒适等特点。
- 第二则广告重点展示有人钓到一条大鱼，并强调以购买者为中心的产品特点，展示购买者既能享受钓鱼过程，又能满载而归。

研究结果证明了这样的假设。

- 相比非切身的视角，让观众体验穿着飞翼服飞行的切身视角可以引发更多关注（+14%）、更强烈的兴奋情绪（+25%）以及更消极的情绪（+143%）。
- 相比以船只特点为主要内容的广告，以钓鱼过程和结果为主要内容的广告引发了更多关注（+39%）、更强烈的兴奋情绪（+520%）、更积极的情绪以及更多的认知参与（+52%）。它还在关键兴趣领域吸引了更多视觉注意力。

切身的神经洞察：信息通过个性化处理，其对受众原始大脑的影响得以增强。当你将客户置于叙述中心时，你的价值主张会迅速传递给受众。

关于切身的要点

- 我们是自私的。
- 感知事物的切身层面，会促使我们主动审视环境，找到最相关、最关键的内容。
- 如果你不放大受众在意的痛苦，你就无法抓住他们的注意力。

反差

大脑让我们只能从反差中获得强烈快感，而从事情本身获得的乐趣却很少。

——西格蒙德·弗洛伊德，神经科学家、心理分析创始人

原始大脑的主要优势是加速决策，当只有少量选项时，我们能做到快速决策。这就指向了消费行为中的一个重要悖论：消费者倾向于告诉你，他们希望有很多品牌供选择，而实际上他们会下意识地抵制消耗大量能量的选择。我们无法通过传统营销发现这个悖论。不过大概 20 年前，通过观察杂货店里购物者的行为，我发现了这个令人费解的矛盾。当时，我是 Grocery Outlet 的营销副总裁。Grocery Outlet 在美国 12 个州以低廉的价格销售顶级品牌商品。因为秉承零售理念，我们产品的种类有限，我想知道是否可以通过丰富某些类别的产品来增加销量。我开展了小组访谈，询问消费者是否想要更多选择，他们总是回答"是"。然而，我在仔细观察他们的购物行为后，发现他们在面对太多选择时总是不知所措。选项太多时，消费者无法立即看出反差，也就无法快速、轻松地区分各种品牌。这就解释了为什么品牌数量增加，销售量却并没有迅速提高，因为顾客被淹没在了众多选择之中，因而无所适从。

这就是选择的悖论，巴里·施瓦茨（Barry Schwartz）博士的一部杰作就以此为书名。[12] 施瓦茨证明，更多的机会并没有让我们更开心，反而增加了我们的选择困难，导致我们会下意识地寻求更少的选择。选择有限时，我们可能会抱怨，因为这种反应来自我们理性大脑的日常思维。毕竟我们的逻辑是选择越多，我们找到自己所需的东西的可能性就越大。但是，由于原始大脑主导着我们的决策过程，原始大脑更希望避免因选择过多而消耗时间和精力，并规避在较长决策周期里可能出现的风险。

施瓦茨在该书中引用了许多研究，证明人类偏好较少的选择。例如，一项在

一家美食商店进行的研究表明，在实验条件下，一家商店提供 24 种果酱，另一家商店只提供 6 种。实验结果表明，提供较少品种果酱的商店果酱销售额增加了 10 倍。[13] 同时，根据著名的耶鲁医生杰伊·卡茨（Jay Katz）[14] 的观点，我们会将许多决定交由他人，以摆脱决策的负担，即便生死攸关，也是如此。根据卡茨的研究，大多数患者倾向于由别人替自己做出医护决定，而不是自己决定。通过反差刺激的策略，我们能帮助客户做出简单、明确的选择，这是减轻他们痛苦的最佳方案。

在比较广告中使用反差

比较广告是广告业中最常使用的策略，即一个品牌将自己与另一个品牌进行比较。关于比较广告效果的研究论文有很多，但几乎没有涉及消费者神经科学的，也很少有论文解释广告作用对大脑的影响效果。不过，弗雷德·比尔德（Fred Beard）教授认为，我们可以相信一个普遍结论：比较广告确实有效。特别是对于"高品质产品"，因为这种产品往往特点鲜明，优势显著，因而更容易令消费者信服。[15] 比尔德补充说，比较广告对占有市场份额较小的公司尤其有效。的确如此。你如果不挑战自我，尝试挖掘自身产品的独特优势，那如何说服别人购买你的产品呢？

尽管信息广告 / 电视购物① 口碑欠佳，许多消费者不喜欢这种形式，但它对我们有着显著的影响。电视购物广告通常讲述消费者的故事，以消费者使用前后效果的强烈对比作为证据，从而对受众的原始大脑产生影响。例如，它通常以个人为主角，主人公面临严重的问题（如超重或长了粉刺），通过使用那些"神奇"的产品，问题得到彻底解决。南伊利诺伊大学的研究人员进行了一项实验[16]，成功地解释了为什么电视购物效果如此好。他们决定创建三种形式的信息：广

---

① 信息广告是类别词，大众熟悉的形式就是电视购物。——译者注

告（渴望）信息、电视购物和直接体验。研究人员假设他们可以通过观察或体验获取广告的可信度水平，这三种不同形式广告的可信度水平应该遵循从低度可信（广告信息）到中度可信（电视购物），再到高度可信（直接体验）的顺序。我们就此推测，直接经验可信度最高，因为人们倾向于相信和记住他们做过而非仅仅看到的事。研究的结果支持神经地图的预测。相比普通广告，电视购物广告的优越性是惊人的。事实上，电视购物的得分非常接近直接体验。此外，电视购物中，使用产品前后的反差越大，广告效果就越好。反差刺激成了消费者决策的催化剂，如果分享的成功故事可信，受众的原始大脑会在几秒内做出决定。

运用反差制定说服信息

有简单而实用的方法让你的信息更具反差效果：与其他品牌比较时，强调收益的显著性或重要性；如果不是竞争的情境，对比购买的收益和不买的损失。

找到解决方案的显著优势。原始大脑拒绝承担复杂的决策任务。我们见过太多这样的情况，销售广告罗列了一长串理由，想说服消费者购买。然而，这些理由并没有激励人们的原始大脑投入能量进行思考。因此，你需要提炼少量的收益，然后证明其他品牌或公司无法提供同样独特、有效的解决方案。在本书后面的章节中，我们将进一步阐述如何找到你的卖点。卖点浓缩了你提供的产品的最大收益，它们可以加速决策制定过程，制造反差效果，促使原始大脑立即行动。

通常情况下，卖点需要提供直接解决方案以吸引注意力，借此与受众面临的紧急威胁或风险紧密联系在一起。

将你的解决方案与竞争对手的解决方案进行比较。将你的产品或解决方案与竞争对手的产品或解决方案进行对比是一个很好的策略。另外，展示消费者购买产品的前后对比也十分有效，即先展示消费者在拥有你的产品或解决方案之前的痛苦，再展示解决痛苦之后的表现。这就是电视购物的典型故事模式，它的确有效。

关于反差的神经科学

我们测试了以下问题的反差情况。

我们是否可以通过比较两个产品、两个服务或两种情况的不同效果，提高对原始大脑的说服影响？

我们使用以下广告刺激来检验我们的假设。
牙科护理优惠卡的视频广告。

- 一则广告描述了一位接受牙齿护理服务的顾客，但没有展示会员的优惠折扣。
- 一则广告描述了有两位顾客都迫切需要牙科护理，一位有优惠卡，而另一位没有；一个有折扣优惠，而另一个没有。

研究结果证明了我们的假设。

- 牙科护理优惠卡的广告中，展示了前后对比的那则广告作用于原始大脑的效果优于其他广告（在神经地图打分 +119%）。

反差的神经洞察：通过在广告中运用反差方法，你可以强调对受众原始大脑的影响。反差还能减少认知消耗，让顾客轻松做出选择。

关于反差的要点

- 不管我们嘴上怎么说，我们的大脑都不喜欢多个购买选项，因为它违背了我们需要以最少的大脑能量消耗做出快速决策的原始意愿。
- 如果受众只需要对比两种不同的情况，那他们的原始大脑会很轻易地做出决策。

- 只需强调几个重要的卖点，不必说"选择我们吧，我们是行业领头羊"之类的话。

- 对比前后的反差或对比你的品牌与竞争对手的品牌，展现你的优势，展现反差，帮助顾客做出决策。

可感

很难解释为何有人会在看一个真实有形的事物第一眼时，内心受到冲击，整个人为之改变。

——H. P. 洛夫克拉夫特（H. P. Lovecraft），美国作家

让事物可感，就是要把复杂信息简化，让受众在处理你的信息时消耗的认知能量最小。原始大脑没有理性大脑提供的认知资源，但它主导了所有说服性信息的最初审查过程。

我们的大脑是节能的

大脑永远在节约能量。你看到的大脑重约 3 磅[①]，只占人体体重的 2%，但它需要消耗我们 20% 的能量才能维持正常运行，比人体任何器官消耗的能量都要多。其中 2/3 的能量用于激发电脉冲，1/3 的能量用于维持细胞健康。在休息状态下，我们的身体每天消耗大约 1 300 卡路里的能量，其中大脑消耗约 260 卡路里。有趣的是，胃在能量消耗方面位居第二。事实上，我们用 10% 的能量来消化、吸收、代谢和转化食物。这就是为什么你会觉得午饭后大脑和胃之间有种动态的对抗。这告诉我们，在咀嚼食物的时候，最好不要尝试达成什么交易，因为

---

① 1 磅 ≈ 0.454 千克。

大脑和胃在进行激烈的能量竞争。

因此，想让人觉得事物可感，在提供信息时就要避免让受众消耗太多脑力。我们喜欢速度和简单，喜欢不消耗认知能量的轻松感。我们看一下经常用到的一个表达——请注意。这个表达暗示了什么？它意味着人们在注意你的信息之前，必须消耗一些东西，即大脑能量。我们在意识层面的注意力很差，因为原始大脑掌控着这种消耗，而原始大脑会尽量控制大脑能量的消耗。在你销售东西之前，你必须先让受众花些脑力去处理你的信息。

回想你上一次参加研讨会时，是否想过"我希望看到更难理解的内容"，当然不会！我们喜爱某些老师，是因为他们能将艰深的内容讲得轻松有趣、容易理解。说服性信息同样需要达到这样的效果。你的听众不想阅读或听取太多复杂的解释。你必须确保信息清晰而简洁，让受众在几秒内就能了解，而最好的信息就是选择性的决定。

脑电图数据能够测量处理信息需要多少认知消耗。只要记录和分析脑电波，特别是前额叶的脑电波，就能完成这样的测量。前额叶负责控制我们的注意力以及调用工作记忆。我们发现，无论被试多聪明，他们都不喜欢在处理广告信息上产生太多认知消耗。没人会抱怨你的信息太易理解，相反，如果信息太抽象、太不真切，人们就会停止关注。如果你卖的是有形产品，获得受众原始大脑的注意可能会更容易，因为它足够真实、足够具体，但如果你出售的是软件或金融服务，显然你将面临一个很大的挑战，就是要让它可感。

由于原始大脑倾向于快速做出决定，所以我们一定要避免复杂性。例如，谷歌和巴塞尔大学（University of Basel）2012 年开展的一项研究表明，互联网用户会在大约 50 毫秒内判断网站的审美，感知网站的功能。[17] 这比你打个响指或展露微笑的时间还要短暂。第一印象是在原始大脑中形成的，速度与复杂性呈负相关。有关第一印象的神经生物学基础研究相当少，研究审美感知并不容易，理解和测试不同审美风格的信息是个复杂的过程。有关这个问题的研究大多来自对不同复杂程度的网站的网络分析。其中一项研究证实，消费者对中等复杂程度的网页反应更好。[18]另一项研究进一步证实，那些视觉感知复杂的网页会导致用户面部紧张且产生消极情绪。[19]

认知流畅的力量

有研究指出，人们喜欢认知流畅的感觉，这说明信息越真切，就越有价值。认知流畅程度是大脑对完成任务轻松与否的主观体验。有关偏误的研究充分解释了为什么我们喜欢简单易懂的信息。例如，我们更喜欢名字发音容易的人[20]。另外，越简单的东西，我们记得越清楚[21]。那些名字易发音的公司，股票业绩可能更好。认知的流畅性源于原始大脑的"预先评估"。任何事物在进入原始大脑的最初几毫秒内如果显得过于复杂，就可能被大脑的其他部分拒绝。每当我要介绍我们的说服模式时，手里都会拿一个大脑模型。这样做不仅会激发我讲述这个话题的热情，而且能增强人们的注意力，同时也可以强化我讲的神经科学观念。更重要的是，它让销售脑模式理解起来更容易，因为我不仅依靠文字，还使用道具进行解释。道具，让人们对这个复杂话题的认知更流畅。

有一项有趣的研究对棋手下棋时的能量消耗进行了测量。这项研究表明，用少量能量理解事物可能是大脑智力的最终表达。[22]利用脑电图研究棋手下棋时的神经元活动模式，研究者将专业棋手与初学者进行了比较，结果令人吃惊。大师棋手的大脑激活率较低，表明大师的神经运行效率比初学者高。专业棋手的大脑能量消耗比新手低，他们在潜意识下能执行许多任务。[23]一些学者认为，这项研究可以揭示智力的神经生物学基础，也就是说，智力很可能是大脑最大限度地减少在特定任务上消耗能量的能力。

运用可感性制定说服信息

有三种有效的方法可以让你的信息立即变得可感。

（1）使用类比和隐喻，让人们关注你要交流的实质内容。

（2）使用人们熟知的术语、模式和情况进行解释。通过引向已有的知识，我们能更好地理解。

（3）去除抽象内容，提供切实的证据来证明你说的话。

关于可感的神经科学

我们测试了下列研究问题的可感性。

我们可否通过提供切实的证据提高对原始大脑的说服影响，降低理性大脑的认知消耗？

我们使用以下广告刺激来检验我们的假设。

牙科护理优惠卡的视频广告。

- 一则广告描述了一位接受牙齿护理服务的顾客，但广告没有将真正的消费者作为清晰的证据，证明服务如广告描述的一样好。
- 一则广告展示了几个真正接受牙科护理服务的顾客。

胶带广告牌。

- 一则广告展示了胶带和一个未被证实的产品特点：粘得牢。
- 另一则广告展示了胶带粘在广告牌上的效果。

研究结果证明了这样的假设。

- 关于牙科护理优惠卡的广告表明，原始大脑对这则广告的打分比没有提供真实证据的普通广告高 10 倍。
- 广告牌展示了胶带粘得牢固的效果，原始大脑对这则广告的打分是没有切实证据的广告的 2 倍。

可感的神经洞察：你的广告越真实，对原始大脑产生的影响越大，理性大脑的认知消耗越低。

关于可感的要点

- 原始大脑掌管认知能量。
- 不要指望那些会消耗认知能量的信息具有说服力。
- 把信息变复杂很容易，但这样很难让认知流畅。
- 你需要努力创建简单而有说服力的信息。

易记

我想确保内容有喜有悲。快乐使悲伤更令人难忘。

——里克·穆迪（Rick Moody），美国小说家

记忆，或者说编码信息，是一项复杂的大脑功能。首先，记忆分布于许多大脑区域，有些分布在原始大脑（海马体、杏仁核），有些分布在进化较新的大脑皮质区，如颞叶或前额叶。关于记忆的全面讨论超出了本书讨论的范围，但讨论短期记忆以及如何让听众对产品形成深刻记忆，对我们来说极其重要。

记忆的 U 形曲线

信息对我们短期记忆的影响大致可以用一条 U 形曲线来表示。比如，你一定还记得你的第一辆车和上一辆车，但如果问你第四辆车是什么，也许你就忘记了。60 多年前的一项研究发现了这种 U 形曲线效应，即近因效应和首因效应，这一发现后来得到无数次验证。我们倾向于记住第一次发生（首因）的事件和最后一次发生（近因）的事件，但会忘记中间发生的事件（见图 4-5）。

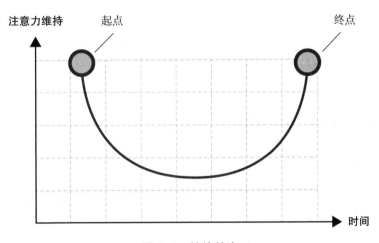

图 4-5　始终效应

心理学家表示，首因效应不仅反映在记忆方面，也反映在决策制定方面。例如，我们第一次经历的结果会极大地影响后面的行为，这种现象被称作结果首因效应（outcome primacy）[24]。这样一来，随着时间的推移，事情发生的起点和终点就成了最重要的节点。我们这种独特的记忆能力给你在介绍信息及其结论时提供了一个特殊的机会，在做陈述或打广告时，你必须放弃长篇大论式的业务介绍、任务说明、产品和服务介绍，因为原始大脑对这些没有兴趣（见图 4-6）。你对产品价值的解释会消耗受众的脑力，过多介绍技术、人和产品，反而会导致说服失败，但你可以增强故事效果以达到说服目的。

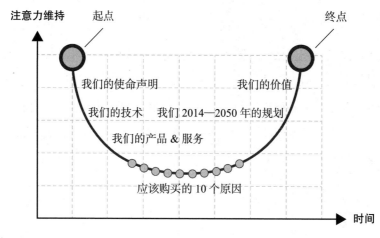

图 4-6　抛出购买理由

关于信息回忆的神经科学

信息回忆是在几毫秒、几秒或几分钟内检索和报告信息的能力。

这个过程涉及以下三个子系统。

（1）感觉记忆（Sensory memory）。

（2）短期记忆（Short-term memory）。

（3）工作记忆（Working memory）。

感觉记忆。我们的感官只能存储短时信息。在听觉上，这被称为声象记忆（echoic memory）；在视觉上，这被称为图像记忆（iconic memory）。

研究人员能够用生理记录测量大脑中的声音痕迹。声象记忆受所听声音大小的显著影响。例如，与耳语相比，尖叫往往更可能被记住。另外，情绪很可能影响我们对刚听到的内容的记忆。事实上，当我们的注意力被某种强烈的情绪反应强化时，我们可能保留对全部句子的记忆。这可以帮助我们回忆起时长达数秒的听觉信息。但是，我们快速记忆视觉刺激的能力很差。相关的视觉研究发现，我们通常只能回忆起 300~500 毫秒内的视觉信息。虽然声象记忆和图像记忆只能保存极短时间内的信息，但这种形式的记忆可以存储很多潜意识记忆信息。因此，建立一个强烈的情感起点尤为重要，特别是通过再现痛苦。同样，在信息传递中以强烈的情感作为终点也非常重要。这两种技术将在第八章"向原始大脑传递信息"中进一步讨论。

短期记忆。与感觉记忆相比，短期记忆可以保留数秒到数分钟的互动信息。长期以来，人们一直认为短期记忆由最初感觉记忆的刺激决定。[25] 换句话说，除非我们的感觉记忆参与记录细节，否则短期记忆并不牢靠。同时，长期记忆高度依赖短期记忆，长期记忆是一个复杂的过程，信息会被分配到大脑多个区域存储，但核心部分由原始大脑统一组织。

20世纪50年代，许多心理学家开展调查，希望了解短期记忆能有效储存多少信息。乔治·米勒（George Miller）[26] 首先提出，无论提供什么信息（数字或者单词）给被试，他们可以轻松记住的信息数量都在7个左右。但是，这一结论存在严重缺陷。有些类型的信息可以按照基本信息片段"字节"划分，但有些类型的信息则是以字节组为单位划分的，通常被标记为"一组信息或信息包"，这样的单位记忆比以字节为单位的记忆更加高效。例如，我们可以很轻松地记住一个由14个字母组成的单词，比如"神经营销"（neuromarketing）。类似这样的信息包（比如复合词）可能会转向长期记忆，但绝大多数不会。最近的研究表明，长期记忆可能并不像想象的那样依赖短期记忆。相反，长期记忆可能会受到感觉记忆的严重影响。这表明，列举7个或更多购买理由去影响消费者的做法无法刺激他们的短期记忆。相反，你的首要目标应该是激活他们的感觉记忆。要做到这一点，就不要使用超过3组信息（通常是3个单词）来描述你的价值主张，也就是你的产品特点，你需要让信息可视化，能支配大脑！

工作记忆。工作记忆的概念对于制定让人过目不忘的信息至关重要。我们的大脑对工作记忆保存的时间很短。大脑会很快将其转换为指导决策或思想的行动。工作记忆可以通过感官（闹钟铃声）或长期记忆（检索出你与朋友见面的餐馆的地址）的刺激来产生。正如你现在意识到的，表达说服性信息的全部意义在于确保受众的大脑轻松掌控接收到的短期信息。因此，你的说服能力完全取决于是否激活了受众的工作记忆。研究证明，前额叶广泛参与激活这个过程。而销售脑公司的研究表明，只有原始大脑参与处理的信息能激活工作记忆。

运用易记性制定说服信息

- 要让你的信息令人难忘，就要提供一个简洁的叙述版本，抓住受众有限且短暂的注意力。
- 叙述内容的开始和结尾要努力抓住听众的注意力。

易记的神经科学

我们就易记性测试了下列问题。

我们是否可以通过提供切实证据增强对原始大脑的说服影响，降低理性大脑的认知消耗？

我们使用如图 4-7 所示的广告刺激检验这个假设——事件的首尾比中间更易记。我们向被试展示了 10 个单词，并在 20 秒后验证他们记忆单词的情况。我们使用的是有影响力的单词。数据显示，记忆力曲线的确呈 U 形。

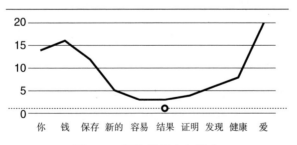

图 4-7　记忆的起点与终点

易记的神经洞察：记忆对大脑来说是一个复杂的过程。要使别人记住你的话，你需要强调信息的开头和结尾。

关于易记的要点

- 我们必须记住基本信息，以此来指导我们的短期行动。
- 信息回忆受感觉记忆的影响，而感觉记忆进一步影响短期记忆和工作记忆。这两个关键系统都会造成记忆编码过程受损。
- 原始大脑需要一个可靠的叙事结构，强调开头和结尾才能吸引与维持受众的记忆力。
- 如果信息先聚焦在痛苦呈现上，大脑对它的印象会更深刻。

可视

人们以可视的方式讲述故事，将眼睛看到的事物说出来，而对话只是众多声音中的一种而已。

——阿尔弗雷德·希区柯克（Alfred Hitchcock），电影导演

当我们开展神经营销实验时，我们从视觉系统收集数据。视觉系统能提供证明说服信息有效性的重要依据。为什么？因为我们依靠视觉感知周围世界。

视觉主导

大脑中将近 30% 的神经元是视觉神经元。几十年来，研究人员已经证实，视觉主导着其他感官处理系统。这种现象通常被称为科拉维塔效应（Colavita effect）[27]。该效应以研究者的名字命名。科拉维塔证明，在视觉和听觉的双重刺激下，研究对象的视觉处理比听觉处理优势更大、速度更快。在最近的一项研

究中，研究人员用脑电图测试了视觉主导的神经生理学数据，并证实多种感官刺激中存在科拉维塔效应[28]。他们发现，无论在刺激的强度、类型、次序（比如听觉刺激之前或之后），还是在吸引注意力和唤醒方面，被试在视觉上的投入比其他任何感官都要多。这项研究还有个有趣的发现，即听觉刺激会加速视觉反应。这表明大脑通过搜寻其他感官输入的信息来加强视觉处理效果。另外，虽然视觉处理信息最敏捷，但它的处理周期比听觉更长。

无论无意或有意，当我们观察和思考时，视觉系统都会被激活（包括做梦的活动）。大多数说服性信息依靠视觉信息直接传递，这首先需要眼睛来处理。眼睛作为传感器，将光子粒子（光）转化为大脑能够理解的信息，即电化学信号。这些信号沿着视神经传递，通过视神经交叉，进入大脑的脑干。从那里，视觉数据被传到大脑后部枕叶的神经元，即视觉皮层。负责处理颜色、运动、纹理、图案等信息的神经元有 30 多组，这些神经元在视觉区域被组织起来，首先参与基本信息处理，然后进行更为复杂的信息解读。这些视觉信息在被送到大脑后部之前，原始大脑就先于视觉皮层对其中一些信息进行了加工[29]，这一信息十分关键，但教科书或论文中对其的讨论甚少。事实上，视觉神经束最先在脑干处连接。脑干，即外侧膝状体和上丘是重要的视觉处理站。外侧膝状体（被认为是丘脑的一部分）在评估视觉刺激的重要性和紧迫性方面发挥着重要的作用，而上丘赋予我们能力以在无意识的情况下看到事物。同时，上丘的上方是杏仁核，是边缘系统的一部分微小的大脑结构。杏仁核有能力控制我们整个身体，让我们在约 13 毫秒内远离危险。[30]纽约大学著名的神经科学家、专门研究情绪和威胁应对的学者约瑟夫·勒杜（Joseph Ledoux）表示，相比杏仁核，新皮层需要大约 500 毫秒才能判断出威胁合理与否。由此可见，原始大脑比新皮层反应速度快近 40 倍，以应对视觉刺激。[31]

信息经由外侧膝状体和上丘处理后，视觉数据通常随腹侧流和背侧流两个路径传递。这两个路径功能不同，腹侧流被称作"什么"路径（what pathway），用以识别目标的紧迫性或判断遭遇的情况。腹侧流受到刺激，意味着我们收到足够的信息可以开始行动。这就是勒杜所说的"低路"（low road）。低路处理表明依靠视觉数据求生的重要性。当我们看到像蛇的东西时，我们不会先去思考它是什么，在理性大脑思考之前，我们就躲开了。同时，背侧流对视觉数据进行解读，主要通过顶叶的活动，准备和指导行动。因此，如果我们看到像蛇的东西，背侧流会帮助我们决定是否改变行走路线。背侧流被称作"如何"网络（how network），如果没有健康的顶叶，我们就不知如何处理目标，也不知如何应对那些情况。背侧流还负责重新评估某种情况与自己的相关性，这也证明个性化的视觉刺激极为重要。然而，我们要明确一点：视觉主导不仅仅是一个避免死亡威胁的功能，也是我们默认的决策系统。

投票也是一种视觉决定

一些出人意料的研究表明，我们倾向于把选票投给对我们影响最大的人。在普林斯顿大学 2006 年进行的一项研究[32]中，研究对象被要求"用直觉"在两位州长或参议员候选人中选择一位。在事先不知道候选人是谁的情况下，他们只能依靠候选人的容貌进行选择。研究人员证实，研究对象预测的正确率达 70%。这项研究的结论显示：起初，我们受原始大脑视觉主导的影响，然后在潜意识下做出合理化选择。尽管今天媒体不再宣扬关于漂亮或有吸引力这样的刻板形象，但有明确的证据表明，我们会基于相貌感知他人的性格。例如，在短暂接触后，我们对有魅力的人的特征判断要比对没那么有魅力的人的判断更为准确。[33]

四种类型的视觉刺激

在你执行说服任务时，有四种类型的视觉刺激需要考虑。

移动三维物体。空中移动的三维物体对原始大脑产生的视觉刺激最强烈。运动的物体会成为关注的焦点。[34]想象一头狮子突然向你扑过来时的冲击感。想象你飘在空中、出现在人们面前的情景，这就是视觉目标可以比视频或电子邮件引发更多关注的原因。此外，人脸的表情会比其他目标吸引更多的注意力，[35]因为肢体语言是一种重要的视觉刺激。近期有一项研究使用脑电图对脑部进行监测，结果表明，大脑检测面部熟悉度只需200毫秒。[36]研究人员还发现，人们对目标进行的大量视觉处理都是"预先注意"的，说明这些视觉处理是在潜意识中进行的。[37]

静态三维物体。第二种有效的视觉刺激是静态三维物体。它可以是你在演示过程中放在桌子上的物体，如道具、模型，也可以是你面对观众时静止不动的样子。在这些情况下，即使物体是静态的，但只要它与受众相关，或与你的产品品质、公司、品牌信息相关，就可能引起受众原始大脑的强烈兴趣。

移动二维影像。第三种有效的视觉刺激是逐帧移动的二维影像，也就是视频内容。我们喜欢视频，是因为适当的画面变化会令原始大脑愉悦。在数字化时代，视频制作者可以在很短的时间内播放许多帧画面。我们就视频播放速度对大脑的影响进行过研究，结果表明，当变化速度超过每秒3帧或每帧超过35毫秒时，原始大脑就会停止对叙述意义的加工。高于这个速度，信息加工可能在对其产生意识之前进行，我们把这种情形称为潜意识效应（subliminal effect）。虽然这一主题在过去几十年中备受关注，但其影响甚微。[38]我们现在已经知道，文本和视觉刺激会产生明显的潜意识效应，因为阅读文本需要复杂的计算操作，需要眼睛和听觉皮层同时参与。虽然两种类型的刺激都可能产生潜意识，但潜意识对视觉的关注要比对文本的关注多很多。这主要源于原始大脑的主导地位。许多学者对这一现象做出解释，他们认为语言进化的时间短，而早在数百万年前，我们就进化出了皮质层，获得了解码视觉刺激的生物能力。[39]另外，正如我们前面提到的，我们无须消耗注意力就能获得视觉信息，这种视觉信息的解码能力是由皮质下区域（如外侧膝状体、上丘和杏仁核）实现的，视觉信号先在这个区域接受处理，然后被传递到进化程度高的皮质层。[40]最后，研究发现，无论在强度还是在速度上，大脑对消极情绪视频的反应比对积极情绪视频的反应更大。为提高说服效果，我们建议制作以困难为主题的说服性叙述视频。另外，根据之前了解到的，人识别一张熟悉的脸大约需要 200 毫秒。因此请记住，受众需要时长200 毫秒以上的脚本去识别或串联故事中的人物。[41]

静态二维图像。第四个有效的视觉刺激是图片——二维像素组构成的图像。请注意，我没有提到文本或图表。客观形式的照片比主观形式的图解更容易吸引注意力，因为原始大脑能够用更短的时间和更少的精力识别照片。图解效果不佳是因为图解无法像相机拍摄的真实场景那样给人具体、熟悉的感觉。只有使用目标受众熟悉的物体、背景和特征，非常规的个性摄影才会有效。

色彩的力量

约 3 500 万年前，灵长类动物开始能分辨颜色，拥有了三色视觉，这是它们第七和第十染色体突变的结果。[42]因此，灵长类动物发展出一种进化优势，能够摘取水果，察觉捕食者，更好地解读面部表情。因光波波长不同，有些色彩具有特殊效应。例如，波长较长的可见光（红色）会产生一种先天的刺激效应，因为它们与危险刺激有关，比如火、血液、熔岩和日落。[43]

虽然视觉的生理机能不能解释所有人对颜色的反应，但不同文化在感知颜色方面仍有许多相似之处。例如，在一项针对来自不同国家的 243 人的研究中，研究人员证实，蓝色、绿色和白色总是与平和、宁静和善良联系在一起。[44]在美国进行的另一项研究表明，不同的颜色和不同形状的线条（圆形、正方形、三角形和波浪线）能表达不同的情感价值。[45]

- 红色代表快乐和兴奋。
- 蓝色代表宁静、悲伤、尊严。

- 曲线代表宁静、优雅、柔软。

- 角代表坚固、有力。

当消费者在产品和颜色之间建立起强烈的联系后，如果新产品的颜色与原始产品的颜色相差很大，新产品很可能在市场上遭遇失败。[46]

- 百事可乐推出过一种透明的饮料，由于颜色与普通棕色可乐相差太远，这种饮料很快就退出了市场。

- 高露洁也尝试过将餐具洗涤皂换一种颜色，然而消费者认为新颜色的产品比原来黄色的"去油"效果差，又不如绿色的"清新"。

研究人员还证明了颜色对记忆的作用：红色会强化人对负面词语的记忆，绿色会强化人对积极词语的记忆。[47]除了物理产品与颜色的简单关联，研究人员还明确了某些颜色对认知的影响，比如绿色可以刺激创造力，而红色则会抑制智力。[48, 49]

因此，包装的颜色、产品本身的颜色、展示产品的背景颜色或文本中字体的颜色都会对受众的大脑产生影响。要想实现有效的说服，就要使用有效的颜色。

运用视觉影响制定说服信息

最大限度地提高信息的视觉吸引力，这应该成为你优先考虑的事。当你需要制作平面广告、企业视频、商业广告、网页或者现场演示文稿时，你都可以应用视觉刺激。

首先，一定要提醒自己，受众不会接收全部视觉刺激。你展示的只有一小部分会被看到。眼动追踪研究证实，无论年龄、性别或教育程度如何，大多数人只会对网页或包装标签中的一小部分信息进行处理。人类眼睛里有1亿个受体，但视神经纤维只有几百万束。我们大脑中50%的视觉神经只能处理不到5%的视觉刺激。就好像我们好奇地转动眼睛，只是在小范围内看得更仔细，并没有扩大观看范围。

其次，专注于提高图像的显著性。视觉显著性是指视觉刺激的内在质量，它必须能够抓住受众的注意力。我们通常对视野的中心进行细节处理，通过与周围环境的对比突显主体。例如，当我们设计销售脑公司网站的主页（见图 4-8）时，我们要突出关键信息元素。大脑图片看上去非常复杂，但暗的背景有助于读者将注意力集中在关键元素（泼溅和漏斗）上。这些图标很简单，三个图标外围有清晰的白线以及我们产品的特点。不透明贴图（见图 4-9）只显示预估会受到视觉关注的区域。这表明总体设计一定要保持平衡，将最重要的信息元素突显出来。

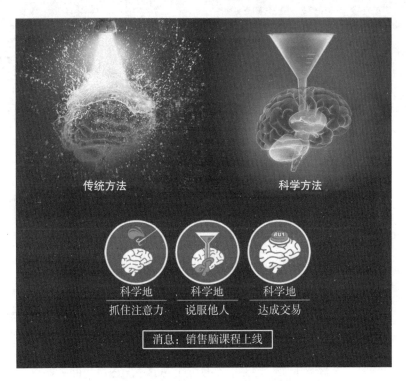

图 4-8 销售脑公司网站首页

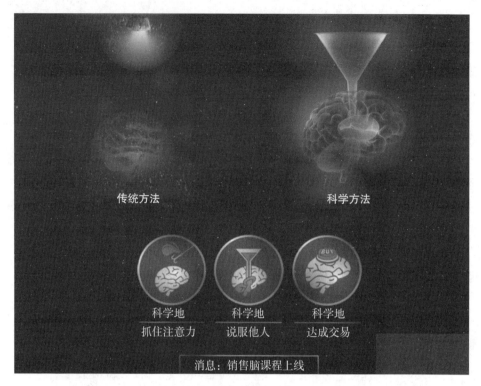

图4-9 销售脑公司网站的不透明贴图

人们通常在100毫秒内就能识别网页上弹出的目标物，但是，如果你设计的目标物存在三种以上的差异（比如大小、颜色和运动速度），识别时间就会增加。

最后，视觉处理是分阶段进行的。你必须在人们大脑视觉处理的早期阶段就吸引受众——这个阶段神经元忙于整理那些最容易识别的元素。要想快速吸引受众，就要避免使用过多颜色，那样会分散注意力，并且很难突显画面主体。正如销售脑公司的网站示例，给信息加边线可以减少大脑的认知消耗。信息越直观，说服力就越强。

有时信息可以挽救生命。例如，公共卫生领域一些有意思的研究表明，视觉警告比文本更有优势。它们被称为图片警告。全世界40多个国家及地区正在使用这样的视觉警告，这种形式比文本警告效果更好。[50] 大脑越年轻，就越倾向于使用视觉和情感内容影响行为。这一点很重要，当生命危在旦夕时，你要确保你的信息能迅速传达紧迫性。

大多数人并不理解创造一个视觉刺激的真正意思，也不清楚原始大脑如何处理视觉数据。例如，如果你的幻灯片以文字大纲的形式展示，这样的数据就不是可视的。原始大脑看到字母就像我们看到象形文字，无法触发意义感或紧迫性。

关于可视的神经科学

我们测试了以下问题的可视性。

通过提高信息的可视化程度，你能让信息更容易被处理并且更难忘吗？

我们使用以下广告刺激来检验我们的假设。
保险印刷广告。

- 一则广告只靠文字阐述保险的价值。
- 一则广告展示人即将被鲨鱼吃掉的画面。

动物的照片和文字闪烁 10 秒。
研究结果证明了这样的假设。

- 采用视觉吸引方式的保险广告比文字广告引发了更多关注（27%）、更强的兴奋感（+697%）和更高的情绪效价（100x），同时减少了 25% 的认知干扰。
- 动物图片的视觉保留率超过 90%，比文字信息的保留率高出近 40%（见图 4-10）。

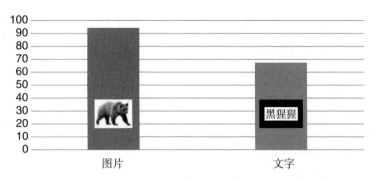

图 4-10　视觉保留

可视的神经洞察：通过提高信息的可视化水平，加大对受众原始大脑的影响，信息记忆会更深刻。

关于可视的要点

- 视觉主导其他感官。
- 处理一个影像只需 13 毫秒，但处理一个词语大约需要 10 倍的时间，理性大脑参与处理一项决定大约需要 500 毫秒。
- 可视化信息产生的说服刺激最快且最强烈。
- 运动中的物体最能吸引注意力。
- 目标物体的显著性是关键。

情绪

我们不是能够感觉的思考机器，我们只是偶尔能思考的感觉机器。

　　　　　　　　　　　　——安东尼奥·达马西奥，神经科学家

情绪在增强信息说服力方面同样发挥着至关重要的作用，因为情绪是引发决策的基本驱动力之一。科学家们针对情绪在决策中的作用做过大量研究，但这个话题仍充满争议。情绪是什么？它如何影响我们的决策过程？我们能否控制情绪，以减少它对我们的影响？几百年来，关于情绪的争论一直未能停歇。

勒内·笛卡儿是17世纪法国科学家、哲学家和数学家，他是在当今学者和研究人员之间引起意见分歧的主要人物。笛卡儿是最伟大的科学家之一，创立了现代数学普遍使用的笛卡儿坐标系。笛卡儿认为，理性驱动我们做出最好的决定，只有通过逻辑和演绎，人类才能走向伟大真理。他提倡"二元论"的哲学模式，认为心灵和身体是两个独立的实体。对于笛卡儿来说，思维就像一个"神"，拥有运用逻辑和理性能力，而身体则像一个不能思考的机器，只能对基本指令做出反应。他在著作《方法论》(*Le Discours De La Méthode*)[51]中提出了制定最佳理性决策的步骤，并发展出"只有人类才拥有理性灵魂"的见解："我思故我在。"受笛卡儿的影响，我们关于决策和思维的长期理念是人类永远受理性驱动。几十年来，学者们一直支持这样的认知：情绪不会影响我们的决策。一直以来，学者们主张人类能够系统地使用推理方法计算决策的效用。如前文介绍，人们始终在追求更高的效用。基于此，我们假定通过增加选项，选择的最大价值得以实现，因为这样提高了我们找到想要的东西的概率。效用理论的支持者还相信，错误决策是由于选择有限，而不是决策过程中的固有缺陷。[52]

然而，行为经济学家、神经营销人员和决策神经科学家彻底改变了我们对人类大脑的决策过程的理解。他们的发现反驳了效用理论原理，研究发现是神经递质影响着我们的决策行为，这样的认识颠覆了我们以往对决策的理解。影响决策行为的其中一种神经递质是多巴胺，在预测和奖励相关的情绪状态时发挥着至关重要的作用。例如，在一项研究中，接受合成多巴胺的被试比非被试更善于优化自己的选择。其他研究表明，额叶前部和杏仁核受损伤的患者很难在不确定的情况下做出选择，这证明情绪对做出复杂决定有重要作用。[53]著名的神经科学家和情绪神经生物学专家安东尼奥·达马西奥强烈反对笛卡儿的二元论以及任何理性主导的决策模型理论。在《笛卡儿的错误》（*Descartes' Error*）[54]一书中，达马西奥揭示了决策过程背后的神经生物学过程，他认为情绪是大脑做出决定所需的基本驱动力，进而证明笛卡儿的论点有误。

达马西奥认为，不存在理性的决定，因为古老的进化系统会调用我们的情绪系统来影响并主导我们的选择。他声称："大自然不仅在生物调节机制中建立了理性机制；更在生物机制内部创建了理性机制。"对于达马西奥来说，情绪作为一种生物性桥梁，将皮质下层的生理信号与思考、目标设定这类高级认知功能连接到一起。因为从边缘系统（皮质下）延伸到新皮层的神经元比反方向的神经元多，所以情绪会影响我们潜意识里的欲望。这就解释了我们无法轻松表达情绪状态的原因。我们能表达的，只是我们对关键神经递质快速变化的解读。

由此可见，我们最先做出的决策一定是情绪性的，随后我们会使其合理化。著名行为经济学家、2017年诺贝尔经济学奖获得者理查德·塞勒也认为，人类本能地回避理性，而调用情绪来做决定。他将这种现象称为错误行为（misbehaving）[55]。我们的研究结论也支持这一观点，原始大脑在很大程度上控制着决策过程，从而使我们做出冲动决策。和达马西奥的观点一样，如果没有大脑古老区域提供的生理线索作为指导，我们就无法做出决定。事实上，对眶额皮层（OFC）病变患者的研究表明，由于他们无法解释自己经历情绪激动后的生理反应，于是他们无法做出适宜的决策。[56]可见，如果没有情绪线索的指导，他们的表现就会很糟糕。[57]同样，神经科学家和作家大卫·伊格曼也认为："情绪是我们背后的潜在导航系统，每时每刻都在指导我们下一步该做什么。"[58]伊格曼用一个病例证明其观点：塔米的眶额皮层受过损伤，导致她无法通过身体接收情绪反馈，从而无法做出任何决定。最后，伊格曼坚持认为："生理信号对于指导我们制定决策至关重要。"

影响我们决定的主要情绪

从对健康及不健康对象的研究中得出的证据均显示，情绪在决策中具有关键作用。但是我们每天都会经历成千上万次情绪，并非所有情绪都会影响我们的决定。为了确定主要是哪种情绪影响我们的决定，研究者们用许多情绪模型试图测量、评估情绪，并做出理性解释。我们最喜欢的情绪模型之一是由心理学家罗伯特·普拉特契克（Robert Plutchik）[59] 提出的。他发展了基本情绪心理进化理论。普拉特契克模型的主要观点如下。

（1）情绪对动物和人类的影响程度一样。

（2）情绪帮助我们生存。

（3）情绪有共同的模式，可以分类。

（4）有少数基本或原始情绪。

（5）许多情绪只是原始情绪的派生状态。

（6）每一种情绪都有其自身的强度连续性。

普拉特契克创建了一个情绪视图，如图 4-11 所示，作为基本情绪轮。尽管这个模型是 40 年前推出的，但人们认为这一模型将 8 种核心情绪状态组织得最为简练，这 8 种情绪状态分别是：生气、厌恶、悲伤、惊讶、恐惧、信任、快乐和期待。

这个情绪轮可以帮你理解原始情绪在反应上的正负影响（效价），只要激活一组有限的原始情绪就可以生出一个强大的情绪组合。由于普拉特契克开发模型时还没有神经营销研究，因此研究人员无法轻松测量和预测说服信息对情绪效价的影响。

基于这个模型，你能有效改善情绪。情绪改善包括以下几个方面：其一是回避性情绪，比如提示可能的痛苦；其二是接近性情绪，比如体验收益（见表

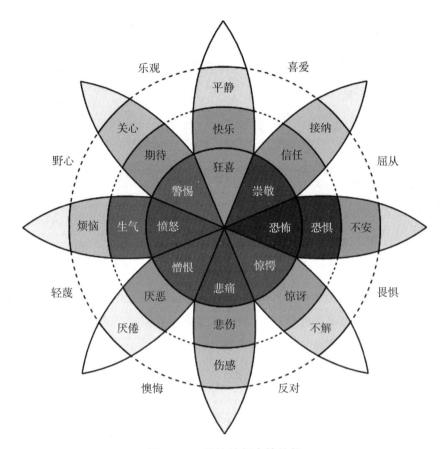

图 4-11　普拉特契克情绪轮

资料来源：首次发表于《美国科学家》（*American Scientist*）杂志。

4-2）。对我们的客户来说，实现情绪改善是一项挑战。例如，许多人会抵制以消极情绪开始的信息。然而，这是成功说服的最佳途径，因为原始大脑会首先注意消极事件，而非积极事件。相比忽视积极事件，如果不对消极事件采取行动，会产生更为严重乃至威胁生存的后果。这就是为什么对后悔的恐惧是最强的消极情绪，因为它能够放大任何说服信息的效果。

表 4-2　原始情绪

回避性情绪	接近性情绪
恐惧	期待
悲伤	快乐
厌恶	信任
生气	惊讶

资料来源：由普拉特契克编写。

怕后悔。我们简单讨论过怕后悔。当我们面对的结果可能低于预期时，我们就会产生怕后悔的心理。当我们选择的结果变得糟糕，或者当我们错过的一个选择优于我们的现状时，我们就会感到后悔。在这两种情况下，我们有一种失去了就无法再得到的感觉，更重要的是，我们会因担心做出错误决定而拖延，这反而带来了潜在威胁。法国和英国的研究人员开展了一项有关遗憾如何影响决策制定的研究[60]，结果证明，有一个复杂的神经网络参与决策制定，其中后悔是关键因素。研究人员收集了被试参与赌博任务时的功能性磁共振成像数据。结果显示，怕后悔的感觉产生于内侧前额叶皮层、背侧前扣带回皮层、前海马体和杏仁核中的大脑高级活动区域。前扣带回皮层是情绪处理的综合中心，情绪在此被处理后投射到杏仁核和前脑岛，这部分大脑结构在人们感到厌恶时会被激发。所有关于后悔影响的研究均显示，调解后悔经历和后悔预期的神经电路是相同的。同时，怕后悔产生的压力会导致肾上腺髓质和蓝斑释放去甲肾上腺素。去甲肾上腺素负责自主神经系统管理的战逃反应。[61]此外，当我们承受后悔的压力时，大脑还会开启一个慢系统，下丘脑 - 垂体 - 肾上腺皮质（HPA）轴会释放皮质醇和肾上腺皮质激素，让人冷静下来。然而，皮质醇在压力事件发生 30 分钟后才开始工作。因此，要想降低负面事件的直接影响，最好在发生后立即回忆，而不是晚些时候再回忆，因为那时皮质醇会降低认知处理速度，改变信息的保持状态。这一点再次强调，创建信息时，先要刺激后悔情绪，最后以积极情绪结束。事实上，提升信息说服效果的最佳方法就是重现后悔，让受众大脑中产生更多期待。

期待的力量。期待就像一种预测，如果我们参与一段特殊经历，我们会感觉兴奋、开心、愉悦或幸福。这种预测会得到一种奖赏，即名为多巴胺的强大神经递质。虽然健康剂量的多巴胺可以为我们的日常动机提供燃料，但它也会使我们成瘾。[62]心理学家和畅销书作家亚当·奥尔特（Adam Alter）认为，成瘾是一种不断自我复制的行为模式，这些行为会刺激我们的多巴胺系统。例如，当我们每天查看300多次手机、饮酒过度或使用损害大脑的毒品时，多巴胺的化学作用会逐渐减弱，这会使我们继续那些具有潜在破坏性的习惯。实际上，说服性信息可以直接激发健康剂量的多巴胺。通过放大优秀产品或创新方案的作用，你可以刺激受众，让他们脑中产生安全水平的多巴胺。

总之，怕后悔和期待的力量都可以帮助你达到简单但强大的情绪提升效果。

情绪和记忆

触发情绪提升对于"劫持"注意力和启动原始大脑的决策过程至关重要。因为，情绪更丰富的信息可以提高信息的留存和回忆效率。情绪不仅会影响我们的决定和行为，还会影响所有标记我们生活信息和事件的代码。神经生物学家认为，情绪会直接影响我们记住的内容及原因。吉姆·麦高（Jim McGaugh）的研究已经证实，情绪唤醒强化了我们的记忆储存能力。[63]这就是为什么我们把情绪称为信息黏合剂。没有情绪，无论你说什么、展示什么、出示什么，都不会被记住。顺便说一下，这也解释了为什么我们建议你首先激活消极情绪。压力荷尔蒙参与了这一过程，保留信息的能力对我们的生存至关重要，我们常常倾向于记住消极事件，而非积极事件。[64]好像我们的大脑里有一个"记录"按钮，在重要事件中它会被自动激活。这确实有道理，我们注定会记住给我们留下深刻印象的事件，特别是那些可能让我们付出生命代价的事件。

通过构建情绪组合，你可以确保你的信息得到优化，并触发那些自动机制。

同时，情绪会引发面部表情表化，这点非常重要，有助于你监测信息影响受众的真实效果。人们处理信息时产生的情绪反应会借助微表情提供视觉暗示，证实你成功地抓住了他们的注意力。在华莱士·弗里森（Wallace Friesen）博士的帮助下，保罗·艾克曼（Paul Ekman）用 13 年的时间（1965—1978）开发了一份关于面部表情的完整清单，即面部表情编码系统（FACS）。面部表情编码系统是一个目录，包含 43 个面部表情，也被称为运动单元（AU）。每个运动单元在解剖学上都是唯一的，并有其视觉特征。根据艾克曼的说法，一套情绪组在世界任何地方都会产生相同的面部表情（见图 4-12）。

图 4-12 普遍的面部表情

运用情绪制定说服信息

为了确保你的信息能吸引受众并引导他们做出你期待的行为，你的信息应该首先激活消极情绪。消极情绪能提示我们规避风险。例如，消极惊讶就是销售那些能降低风险或不确定性的产品或解决方案（如保险）时最常用的回避性情绪之一。如果这种消极情绪与受众相关，那么它就会抓住他们的注意力，进而引导他们寻求解决方案。这时我们引导受众开始启动他们的镜像神经元，体验这种情况可能带给他们的压力。神经科学家认为，镜像神经元是理解人类共情和学习功能的关键基础。[65] 现在人们普遍认为，通过简单地观察别人的行为，镜像神经元可以帮助我们了解和体会他人的情绪。随后你会了解到，刺激镜像神经元最有效的方法之一就是将你感知的痛苦表现出来，镜像神经元只需几秒就能重温这种感受。一旦做到这一点，你就只需再激活接近性情绪，展示你针对他们的痛苦提出的解决方案。这会使受众从由恐惧造成的紧张中解脱，从而产生更多信任、更多安全感、更多快乐、更多喜爱或者对你的方案的价值更为振奋。良好的情绪提升可以直接影响大脑内部的化学物质平衡，压力或恐惧会提高大脑和整个身体的去甲肾上腺素、肾上腺皮质激素和皮质醇水平，但喜爱和信任会产生更高水平的催产素，大笑会提高内啡肽水平，幸福可以提高血清素水平，期望能提高多巴胺水平。让信息富有情绪意味着可以利用大脑化学物质的力量增强信息的说服力（见图 4-13）。

图 4-13　信息的情绪反应

关于情绪的神经科学

我们就情绪测试了以下问题。

你能通过调动消极或积极情绪增强信息的说服力吗？

我们使用以下广告刺激来检验我们的假设。
不要酒驾的平面广告。

- 一则广告展示文字性警告。
- 一则广告展示酒驾事故受害者的脸。

防护产品视频。

- 一个版本重点展示呼吸面罩。
- 另一个版本展示一名男子在家中烧烤的画面，一边是慌乱的操作现场，一边是戴上呼吸面罩、轻松掌控火候的操作现场（安全与不安全）。

研究结果证明了这样的假设。

- 与文字性警告广告相比，以酒驾事故受害者为主角的广告效价剧增（+2 600x），受众的认知参与得到了显著提升（+70%）。
- 视频广告制造了情绪对比，一边是人物无法安全烧烤，另一边是人物戴上呼吸面罩可以安心烧烤。这样的情绪对比也使效价剧增（+3 800x）并降低了工作压力（–5%）。

情绪的神经洞察：让你的信息富有情绪，对受众原始大脑产生更大的影响，令人难忘。

关于情绪的要点

- 情绪是能对我们所有决策产生影响的化学物质。
- 我们需要情绪来做出购买决策。
- 最强烈的情绪是怕后悔和期待的力量。
- 要实现关注、保留和决策，我们需要情绪提升。

整合 6 种刺激

每种刺激对原始大脑的影响都是有限的，但是，如果使用神经地图触发所有刺激，将极大提升说服效果。6 种刺激的综合效果就像强有力的句子，可以加深读者的印象和记忆。让我们简单回顾一下每种刺激能激活哪些原始大脑活动（见图 4-14）。重复可以加深你的记忆。

 切身
原始大脑以自我为中心，它对任何不关乎生存的事情都没有耐心和同情心。参与轻松的活动之前，它先要排除各种威胁。警惕性影响其反应的速度和反应的性质

 反差
原始大脑对强烈反差敏感，如事前/事后、风险/安全、有/无、快/慢。反差会让我们制定快速、无风险的决策。如果没有反差，大脑就会进入混乱状态，导致决策推迟

 可感
原始大脑不断寻找熟悉和友好的事物与那些可被快速识别、简单、具体、稳定不变的事物。要原始大脑处理复杂信息，需要大量努力和质疑

 易记
原始大脑几乎记不住什么，因此要把最重要的信息放在开头和结尾。在信息传递的过程中，你要保证内容简短而有说服力（诉求不要超过三个）。原始大脑偏爱故事，一个好的叙事结构会让人很容易记住内容

 可视
原始大脑是视觉主导的。视神经在生理上与原始大脑相连。因此，视觉通道提供了快速有效的连接，以加快决策处理过程。视觉比其他感官具有更强的主导作用，它是向原始大脑传递信息的高速公路

 情绪
情绪会对原始大脑产生强烈影响。情绪会在你的大脑中引发化学作用，直接影响你处理和记忆信息的方式。没有情绪就没有信息的留存，也就无法决策

图 4-14　6 种刺激的作用总结

说服是一个动态过程，即先在原始大脑中产生反应，再刺激理性大脑，这种说服的效果就像在大脑中画出一条向上的曲线。

说服路径

图 4-15 可以帮你快速了解说服的路径以及每种刺激的分步效果。你的信息就像一枚火箭，在一个巨大而拥挤的说服空间中发射。你需要依靠 6 种不同的燃料把它送到"说服轨道"。要做到这一点，你需要确保每种刺激都能将受众送到说服空间中的正确位置，从中立到参与。这 6 种刺激完美呈现了说服密码。

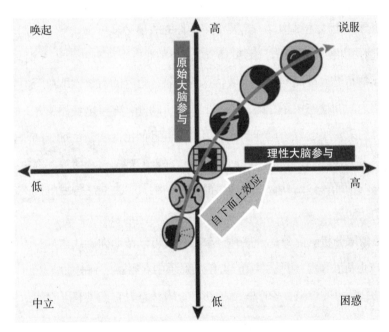

图 4-15　说服地图

如果在制定信息时应用所有刺激，上述过程会按顺序发生。由于忙于处理相互竞争的优先事项，人们在收到销售信息时通常并不兴奋。因此，你应该首先激活情绪，通过触发原始大脑，推动受众从中立转向唤起说服情绪状态。然而，说服过程不能仅仅推动情绪提升，信息必须帮助受众从情绪参与转向理性参与。要做到这一点，大脑能量必须能辐射到说服地图的右上角，以激活更高的认知功能。只有这样，信息才能被确认为不仅相关而且重要，以促使理性大脑的前额叶对它进行解释加工。这时，可以认为你的信息已经成功地推动了受众的认知参与，能够实现说服效果。整个过程我们称其为自下而上效应。之前我们讨论过原始大脑的主导地位如何控制说服的路径，现在你了解了 6 种刺激的作用，接下来要学习每种刺激如何逐步帮助你实现说服目的。

每种刺激的渐变效应。信息的可视和切身是快速吸引人们注意力的关键。接下来，确保你的信息能够分享一些令人难忘的故事要素，这些要素要能为你的价值主张搭建一个叙述结构。一定要注意，你的故事必须可感，便于人们理解和相信。为此你需要一些证据，让信息真切、令人难忘，这有助于让人相信。然后，你需要让信息进入更高的认知区域。这意味着，信息的有效性取决于原始大脑和理性大脑之间的动态关系，即自下而上效应。因此，你可以使用反差，以强烈的情绪组合结束说服过程，这样，你就提供了信息催化剂和黏合剂。同时，神经地图还可以帮助你评估信息效果，而无须进行深入的神经营销研究。你可以使用附录中提供的神经评分工具，看看你目前在网站主页、平面广告或电视广告上使用6 种刺激的效果。

神经象限分析。此外，开展神经象限分析可以帮助你确认信息对原始大脑和理性大脑的刺激程度（见图 4-16）。你从附录中获得神经评分后，就可以在说服地图上找到信息的位置。象限揭示了四种说服状态，它们具有不同的情绪效应和认知效应。

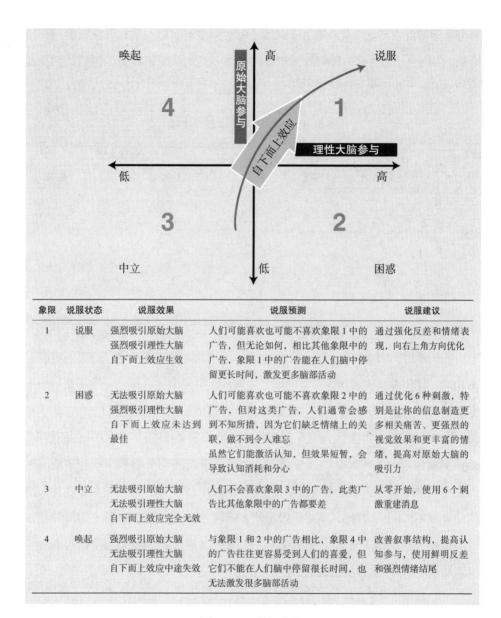

图 4–16　神经象限

象限	说服状态	说服效果	说服预测	说服建议
1	说服	强烈吸引原始大脑 强烈吸引理性大脑 自下而上效应生效	人们可能喜欢也可能不喜欢象限 1 中的广告，但无论如何，相比其他象限中的广告，象限 1 中的广告能在人们脑中停留更长时间，激发更多脑部活动	通过强化反差和情绪表现，向右上角方向优化
2	困惑	无法吸引原始大脑 强烈吸引理性大脑 自下而上效应未达到最佳	人们可能喜欢也可能不喜欢象限 2 中的广告，但对这类广告，人们通常会感到不知所措，因为它们缺乏情绪上的关联，做不到令人难忘。 虽然它们能激活认知，但效果短暂，会导致认知消耗和分心	通过优化 6 种刺激，特别是让你的信息制造更多相关痛苦、更强烈的视觉效果和更丰富的情绪，提高对原始大脑的吸引力
3	中立	无法吸引原始大脑 无法吸引理性大脑 自下而上效应完全无效	人们不会喜欢象限 3 中的广告，此类广告比其他象限中的广告都要差	从零开始，使用 6 个刺激重建消息
4	唤起	强烈吸引原始大脑 无法吸引理性大脑 自下而上效应中途失效	与象限 1 和 2 中的广告相比，象限 4 中的广告往往更容易受到人们的喜爱，但它们不能在人们脑中停留很长时间，也无法激发很多脑部活动	改善叙事结构，提高认知参与，使用鲜明反差和强烈情绪结尾

6 种刺激的神经科学结论。我们的神经研究证实，每种刺激都能对受众产生

可测量的神经生理学变化。表 4-3 总结了每种刺激对原始大脑和理性大脑的直接影响。加号（＋）表示一种刺激可能激活大脑中特定功能的程度。例如，切身刺激能使原始大脑更为兴奋，而易记刺激则加强了信息在理性大脑中的留存。

表 4-3　刺激如何影响两个大脑

	原始大脑			理性大脑		
	注意力	唤起	效价	工作负担	参与	保持
切身	+++	+++				
反差	++		+	++	+++	
可感			++			
易记						+++
可视		++	+++	+		+++
情绪		+	++	++		

我们对每种刺激进行打分，结果表明，不同的刺激对整体说服效果的贡献并不相同。我们需要认识到这项神经研究在方法上的局限性，虽然无法在统计上得出结论，但是我们仍然相信这些数据支持了神经地图的预测。例如，它证实了综合使用 6 种刺激来实现最大说服影响的重要性。表 4-4 显示，根据我们的数据，可视刺激在所有 6 种刺激中得分最高、效果最好，而切身刺激则得分最低。然而，在说服路径的三个关键阶段中，它们共同做出了贡献：第一阶段是抓住大脑的注意力（可视和切身），第二阶段是使人确信（可感和易记），第三阶段是结束说服过程（反差和情绪）。说服路径解释了使用 6 种刺激的逻辑以及每种刺激将受众从中立状态推动到说服状态时起的作用。

表 4-4　每种刺激的等级效应

	神经地图 等级效应	推荐顺序	说服阶段
切身	6	2	抓住注意力

（续表）

	神经地图 等级效应	推荐顺序	说服阶段
反差	4	5	达成交易
可感	3	4	说服他人
易记	5	3	说服他人
可视	1	1	抓住注意力
情绪	2	6	达成交易

本章要点

为了提高你的说服能力，你需要使用 6 种刺激将信息先传递给原始大脑，再推动理性大脑参与。

- 信息必须切身，这样受众才能迅速与相关挫折或痛苦建立联系。
- 信息需要反差，以便受众对比两种情况，得出最佳选择，加速决策。
- 信息必须可感，这样受众才能拥有流畅的认知，让原始大脑接受论点的真实性。
- 信息必须易记，以便受众大脑可以毫不费力地保存信息，并对能够触发决策的那部分信息进行编码。
- 信息应该可视，首先要考虑视觉信息对原始大脑的主导作用，并将其纳入决策过程。
- 信息必须引发情绪提升，这样才能让信息抵达更高的认知区域并触发决策。
- 正如神经地图解释的那样，综合使用 6 种刺激可以提升你的说服效果，实现最佳说服。

- 用神经评分工具对 6 种刺激打分，帮助你在说服路径上修正和改进信息。

- 神经象限还提供了一个简单的工具来优化说服效果。

最后，我还需要通过以下 4 个步骤最大限度地利用 6 种刺激，这点非常重要，跳过任何步骤你都无法达到神经地图的最优效果。这 4 个步骤是你的说服策略的基石。

（1）找到消费者的刚需和痛点；

（2）以独特价值主张进行差异化竞争；

（3）演示每个主张带给消费者的收益；

（4）通过演示引人入胜的文稿、提高网站的用户黏性、制作令人赞叹的广告或引人注目的视频，将收益信息传递给受众的原始大脑。

第三部分
解码你的说服过程

要真正实现说服，你需要做四步准备：诊断痛苦，将你的产品特点主张差异化，展示收益，向原始大脑传递信息。这一部分针对这四个环节做了详细阐述，并提出 6 个有效信息的说服元素及 7 种说服催化剂，运用它们，你能顺畅地完成说服过程，取得较好的说服效果。

第五章

诊断痛苦

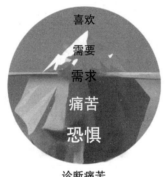

喜欢

需要

需求

痛苦

恐惧

诊断痛苦

大多数人想要摆脱痛苦，而自律通常是令人痛苦的。

——约翰·C. 麦克斯韦尔（John C. Maxwell）

为什么痛苦会驱动购买行为

首先，你要传达的信息必须致力于消除恐惧、威胁或风险，这正是原始大脑的首要目标。作为人类，我们渴望减轻甚至消除自身的焦虑感，唯有如此，我们才能获得安全感并生存下去。我们已经了解大脑经历了数百万年的进化，但即使在今天，为了保证我们能安全地生活，大脑仍须时刻关注最能影响我们生存状况的事，这样，我们才能世代繁衍下去。根据自我意识研究的权威神经科学家斯坦尼斯拉斯·迪昂的观点，我们在自我意识形成的重要阶段所表现出的警惕性决定了我们日后做出复杂决策的能力。随着威胁的增加，人的警惕性会逐渐提升，大脑便会自下而上动用更多的脑部区域，产生更多的脑部血液流动。[1]

在大脑能量由情感层面转向认知层面（从潜意识到显意识）的过程中，警惕性起到了至关重要的作用。这就是为什么我们总是处于焦虑中——无论是每天醒来后，还是在做出购买决策时。警惕性是我们（大脑）默认处理模式的一部分。我们的大脑像一辆时刻处于怠速（焦虑）状态的汽车，而警惕性是帮助我们应对这种怠速状态的基本程序。当你需要快速逃离时，发动引擎并不是一个好的选择。警惕性状态有助于我们形成应对人生中各项挑战的能力。西格蒙德·弗洛伊德曾有如下著名的断言：人类的焦虑要为大多数的精神疾病承担责任。对弗洛伊德来说，焦虑源自对未来的担忧，因为我们无法预测未来会遭受何种伤害。研究恐惧和焦虑的顶级神经科学家约瑟夫·勒杜赞同此观点。[2]勒杜坚持认为，焦虑和恐惧有着显著的区别。焦虑产生于原始大脑的皮下区域，并不涉及更具自我意识、更理性、更晚进化的认知结构皮层。他还补充说，焦虑（anxiety）的词根来自拉丁语 anxietas 一词，而这个词又来自希腊语 angh，指不愉快的生理感受，如紧张或不适。

今天，焦虑障碍影响着超过 20% 的美国人。许多患有焦虑相关疾病的人，深陷那些令他们忧虑的问题，整日翻来覆去地想，却又无法解决。当然，比起由买不起房子、找不到工作或跳不出一段糟糕的关系造成的焦虑，购买产品时的焦虑可以说十分轻微。但是，我们要认识到它们的共同点，即焦虑主要是因为我们被自己的原始大脑控制了。因此，用于应对威胁的神经网络，同样可以用来评估一次购买行为的实用性和价值。

图 5-1 中的冰山能帮助你了解影响购买行动的决策驱动等级。比如，对购买动机产生最大、最直接影响的因素通常来自对毁灭性后果的恐惧，比如怕后悔、

怕失望等。恐惧造成的焦虑或痛苦最终会影响我们对自己真实需求的判断。害怕和恐惧很多时候是潜意识的，但恐惧或焦虑的对象往往是具体、清晰的。

图 5-1　决策驱动冰山

决策驱动冰山是极好的隐喻，充分解释了我们对于说服刺激的回应，表明说服效果在极大程度上取决于人自身的心理和神经生理状态。在过去，营销研究总是着眼于人们自认为喜欢或想要的。然而，神经营销相关的研究已经证明，客户对自身喜欢或想要的事物的表达并不可靠。我们需要换一个角度去研究，参与关于"痛苦"的对话，重点研究人们最大的焦虑所在，并思考它们与哪些购买行为相关。

这就是为什么"喜欢"和"需要"都不能很好地预测购买行为。"喜欢"和"需要"是我们对能带来快乐和安全感的事物所做的模糊、有意识的解释。它们会在短期内随着人们生活方式甚至情绪的变化而改变。与此相反，我们的核心恐惧和痛苦更为持久。因此，"恐惧"和"痛苦"能更好地预测人们的购买决策。

自从近 20 年前提出"销售脑"概念，我们设计了大量的调查，组织过数百次专题小组讨论，开展了数千次深度访谈，收集了 10 多个国家及地区、数千人的反馈。通过收集人们关于"想要"的数据，我们发现研究结果并不明晰，反而会令人困惑，无法洞悉真实的购买决策。从近 20 年神经营销研究的过程中我们了解到，没有什么方法比询问人们惧怕什么更有用。人们的恐惧来自人类的天性——对生存的焦虑和警惕。

恐惧的本质

根据勒杜的说法，恐惧与情绪息息相关，我们可以从情绪的变化中识别特定的威胁。如果你意识不到焦虑比恐惧更含糊不清、影响更持久，而恐惧又比焦虑更精确、更紧迫，那么这两个词之间的语义差异可能对你毫无意义。勒杜认为："体验恐惧就是知道自己处于危险的境地，体验焦虑就是担心未来的威胁会伤害你。"[3]

痛苦的本质

在大多数情况下，如果我们直接与客户讨论焦虑和恐惧，通常会产生尴尬又困难的局面。但当我们进行神经营销实验时，我们就可以较轻松地评估人们在潜意识的情况下观看广告的兴奋和恐惧程度。然而，对于销售脑公司的许多客户来说，要通过神经生理学基础识别与购买产品或解决方案相关的恐惧类型，不仅成本高昂，而且执行颇具难度。

诊断客户的核心痛苦是最重要的步骤，因为这有助于你选择有效的价值主张，直接消除他们的焦虑。购买产品的原因很多，而你必须通过过滤筛查，选出那些最直接、最独特、最有效的方案，解决客户核心痛苦，这才是价值主张最有效的部分。

痛苦总是和抱怨、厌恶或悲伤有关，为了战胜人生中遭遇的痛苦，客户可能已经购买或使用过其他产品或解决方案了。当你向他们出售一样全新的东西时，了解他们的痛苦能帮助你预测他们将来可能会有的抱怨。以下数据能帮助你进一步了解诊断客户核心痛苦的意义，从而提高客户满意度。[4]

- 66% 的客户会因为售后服务不佳而转向别的品牌。
- 58% 的客户会因为一次糟糕的用户体验而彻底放弃一家公司（所有产品）。
- 48% 的客户会将自己糟糕的用户体验告诉至少 10 个人，但只会将良好的体验告诉不超过 5 个人。

这些数据反映了一个显而易见的特征：比起正面的用户体验反馈，人们更容易受负面体验反馈的影响。

需求的本质

心理学家发现，研究人们的个性特征，可以解释并预测他们的行为和需求。通常说来，需求指的是人们为了保护自己或提高生活质量而去寻求的事物或做的事情。几十年来，个性研究领域一直对我们需要的心理基础争论不断（近些年还扩展到了神经生理范畴），但简单说来，这些争论只是为了搞明白到底是什么在驱动我们的日常行为。为方便讨论，让我们首先回顾一下解释需求的重要性和实用性的重要模型之一——马斯洛理论（Maslow Theory）。[5]

马斯洛需求层次理论。亚伯拉罕·马斯洛（Abraham Maslow）[6]对人类本性有着相当乐观的看法。他认为弗洛伊德指出的只是"心理状态中病态的那一半"，而他自己的模型则补充了那"健康的另一半"。他关于动机的看法是二元的。他认为，我们都拥有两种不同的动机：缺失性动机（deficiency motives）和成长性动机（growth motives）。缺失性动机对应所有人的需求层次，它力图应对诸如由饥饿、缺乏安全感、缺乏他人的尊重造成的心理或情感需求。而成长性动机只出现在特定的个体身上，指的是对知识的追求或对他人无私的给予。他认为，在人们达到诸如自我实现等更高层次的需求前，必须先满足基本层次的需求。他提出著名的人类需求金字塔（见图 5-2）——马斯洛需求层次理论，这一理论显示生理需求处于最底层，往上依次是安全需求、归属感和爱的需求、自尊需求，最后是自我实现需求。

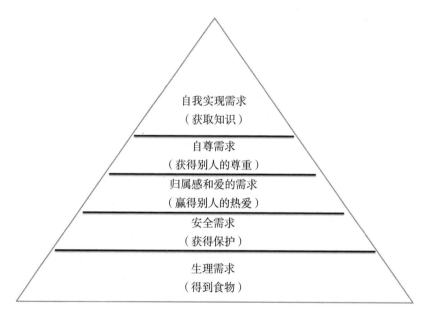

图 5-2 马斯洛需求层次

另外，马斯洛认为，人们的需求会随年龄的变化而变化，并用图表将个人不同成长阶段的需求变化呈现出来（见图 5-3）。

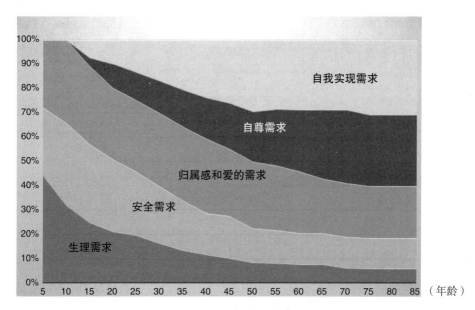

图 5-3　马斯洛需求时间线

很显然，金字塔底层的三种需求是由原始大脑负责的，而上层的两种需求则要依靠理性大脑予以实现。进一步讲，马斯洛的需求理论是一种关于人类行为动机的理论。人们买一个产品或一项解决方案，最先产生的是购买动机，因此马斯洛模型对研究人类的购买行为十分重要。然而，这个模型没能覆盖触发我们基本需求表达的复杂神经传导网络。另外，这个模型建立的前提是：人的成长会严格遵循心理发展的逻辑顺序，就像梯子上的横档一样。显然这个假设过于简单化，今天关于心理发展的理论也不支持这一假设。总而言之，询问消费者的需求并不足以预测他们的行为。要了解消费者的行为，营销人员必须衡量另一种决策动机——需要的本质。

需要的本质

需要的本质直接指向消费主义运动，人们普遍认为我们的需要永远无法得到满足。这里我们要注意，需要和需求之间有着微妙的差别。需要是指超越我们基本需求之外的欲望。研究这一问题的专家认为，我们的所需之物（比如金钱、权力、公众注意力）会给我们带来更大的影响力和更强的权势。[7]但坦率来说，在相当长的一段时间内，相关的理论研究结果都非常模糊，因为这些结果只对人们主动表达的需要进行分析。幸运的是，近几年来神经营销学和神经经济学领域的研究为我们理解需要建立了一个更可靠的理论框架。

托马斯·拉姆索伊（Thomas Ramsoy）在其著作《消费者神经科学入门》（*Introduction to Consumer Neuroscience*）中对需要的神经生理基础提出了新的解释。他声称，"需要表达"由一个被称作伏隔核的脑结构调节。它深埋在原始大脑的内部。拉姆索伊认为："需要表达与物品、有机体、事件统统相关，是一种无意识的方案、一种避免痛苦的自我评估。"他援引了克努森和他同事的著名研究来支撑他的理论。[8]必须提醒读者，克努森声称他们可以在人们自主意识到需要之前，就通过观测涌向伏隔核的血流来预测人们会表达什么样的需要。不幸的是，虽然如今我们对于大脑中激发需要信号的那些区域有了更深的了解，但我们依旧没有可靠的工具来衡量人们对需要的自我评估的准确性。换句话说，除了功能性磁共振成像技术，其他衡量需要的方法都不可靠。所以，通过收集与人们痛苦相关的数据，反而更容易预测他们的购买行为。

喜欢的本质

相比于需要，喜欢的概念要清晰得多。毕竟，我们都清楚自己喜欢什么、不喜欢什么。为了了解人们对于某个产品或某项体验的喜爱程度，我们会设计一个等级或数字量表，让他们进行打分。你也许会觉得相比于需要的衡量方法，这种取决于人们自主打分的衡量方式要可靠得多。但请再想想。格雷戈里·伯恩斯（Gregory Berns）有一项关于歌曲流行度的研究，结果显示，收集与喜欢相关的数据并不能预测人们的神经响应程度。[9]伏隔核活动数据与人们的选择或购买呈现相关性，而与喜欢（的数据）不存在相关性。早在几年前，脸书就开始收集与用户喜好相关的数据，还会收集与客户情绪反应有关的数据。脸书作为一个社交媒体平台，借此获得了很多与用户情绪粒度有关的数据，脸书的工程师们得以解析数百万用户的情绪表达。

了解决策驱动的整体视角

在消费者收到说服信息后，他们评估、回应并最终决策的过程相当复杂，相关学者和专家就此展开了广泛的争论。在神经生理学研究和传统研究（在 20 多个国家及地区的不同产品、工业领域进行）的基础上，我们提出了整体视角的概念。我们认为，决策主要受原始大脑的影响，而这种影响又与我们极力想要消除的痛苦有关。

最初计划购买一个产品或一项解决方案时，消费者往往处于一种无知或焦虑的状态，潜在的风险很高（怕后悔），因为这一阶段认知参与程度低。然而，当你重新唤醒消费者的痛苦，使他们认识到一个产品或一项解决方案的相关性、实用性之后，一些特定的恐惧感就会随之被激活。比如，如果有信息使你意识到自己有可能突然死去，没有保险的话会给心爱的人留下巨额债务，你会马上想办法去应付这种恐惧。此时，你就会考虑购买人寿保险的价值，这样你就改变了原先中立的立场，产生了购买保险的兴趣。接下来可能出现两种情况：如果你不想主动参与关于此主题的讨论，你会选择放弃，不做任何事或不考虑其他选择，如果所传达的信息或价值主张成功激活了你的认知参与，你会进入"需要"状态，并感受到购买的驱动力（即期待），这时大脑会释放足量多巴胺。因此，要提高你所传达的信息的有效性，最核心的说服步骤是诊断痛苦。了解消费者的痛点所在，你就知道该如何组织销售语言了。

确认核心痛点

我们已经完成了数千个研究和访谈，唯一的目的就是揭示消费者的核心痛点。尽管采访涉及的产品和服务多种多样，从功能性磁共振成像设备到化妆品，但我们还是努力总结出消费者痛点的三种类型。

痛点通常有三种类型：经济型、策略型和个人型。

（1）经济型痛点与经济因素有关，比如资产损失、低利润或低回报率。经济型痛点显而易见且容易衡量。

（2）策略型痛点与一些重要的商业风险有关，包括产品和服务的开发、生产、营销或交付。通常，策略型痛点可以按照以下相关的商业风险进行分类：产品质量差、生产效率低、客户投诉多、品牌辨识度低。策略型痛点常常不可见，也不那么容易衡量。

（3）个人型痛点由消费者自身的负面感觉和情绪构成，不断增加的压力、工作不稳定或时常加班都会导致个人型痛点产生。

表 5-1 能帮助你快速了解消费者痛点的不同类型。

表 5-1　痛点的类型

痛点的来源	痛点和焦虑的领域	测量痛点的方式	影响原始大脑的恐惧
经济型	缺乏资金	数据	害怕得到的不够多
	低回报率	故事	害怕失去已有的
策略型	质量问题	市场基准	害怕自己知道的不够多
	交付延迟	市场计划	害怕失去掌控力
	长久的产品开发周期	调查	
		竞争力分析	
个人型	糟糕的态度	员工调查	害怕无力感
	高压力	领导力评估	害怕没有价值感
	缺乏动机	神经生理学研究	害怕被淘汰

进行关于痛点的对话

有一种有效的方式可以确认最重要的痛点：与你的重点客户进行亲密对话。你的客户才是获取这一重要信息的最佳来源。与熟悉你的价值主张并能从中受益的客户进行对话，你可以从他们独特的视角了解你的方案给他们带来的生活转变。向他们询问以下问题，仔细聆听他们的回答。

（1）在选择解决方案之前，你面对的最主要的挑战、障碍或风险有哪些？

（2）如果不使用我们的产品，你会损失多少钱？

（3）我们的产品如何帮助你消除风险或不确定性？你有没有遭遇过这样的情况：在没有获得我们的解决方案之前，感觉自己没有足够的掌控力？

（4）我们的解决方案如何帮助你对自己的工作或家庭产生更良好的感觉？

你可以根据实际情况调整上面的问题，但你必须意识到，其中只有一部分讨论能显示客户的痛点和焦虑，而这才是他们选择你的解决方案的主要原因。请注意，如果你通过经销商销售产品，你需要进行两次对话，一次是和终端用户，另一次是和经销商。因为他们关注的领域不同，这时你就需要在整个过程中调整信息，以触发不同目标群体的原始大脑。

痛点案例研究

值得注意的是，要找到信息的说服密码，关键是明确你的欲望，消除最大痛点。让我们看看以下案例。

达美乐比萨

从表面上看，比萨送餐业务很简单，也很平民化。你肯定认为要想做好这桩生意，只需要专注于做好比萨。然而达美乐比萨（Domino's Pizza）没有把比萨本身作为卖点，它专注于解决客户的另一个重大痛点：因不知道比萨何时送达而产生焦虑感（见图 5-4）。

图 5-4 "外卖之痛"

这个战略决策是达美乐在美国和其他国家及地区取得成功的关键。今天，达美乐比萨是全球最大的比萨餐饮连锁店（必胜客只是第二大），在 80 多个国家及地区拥有 14 400 多家门店。它就像比萨行业的联邦快递（国际性速递集团）。达美乐是比萨送餐业务专家。比萨本身很重要，但仅凭它不足以让达美乐取得如今的成功。

多年以来，达美乐的广告词一直是"30 分钟必达"。它针对客户的焦虑提供了完美的解决方案。

星巴克

你也许认为星巴克（Starbucks）只是一家提供饮品的公司。然而，它的成功是因为它意识到了人们的另外一种需求。大多数人平时在家或办公室工作，这让他们感到乏味、痛苦。而星巴克帮助人们完成了从居家模式到办公模式的情绪转变。星巴克的创始人、前 CEO 舒尔茨先生曾指出，星巴克是一个理想的"第三空间"。

　　"第三空间"就像一间解压舱，是家庭之外的家庭、办公室之外的办公室（见图5-5）。这样的定位使星巴克在全球取得了独一无二的成功（在70多个国家和地区拥有超过24 000家门店），其原因就是它解决了数百万人每天面对的空间焦虑。

图 5-5　"空间之痛"

优步

　　这家10年前才建立的公司却在近期建立了一个商业帝国。它瞄准了许多人共有的焦虑：在自己没有汽车的情况下，如何以经济有效的方式实现快速出行？我们中有多少人经历过等待出租车的焦虑（不知道车什么时候会到）？坐上车之后，又担心不知道何时才能抵达目的地，同时担心自己没有足够的现金支付车费（见图5-6）？今天，优步在80多个国家及地区运营，有超过160 000名司机，市值约 700 亿美元，但它自己没有一辆车。①

优步

图 5-6 "出行之痛"

对于前面的例子来说，赢得市场份额不仅要提供产品或服务，还要清晰诊断客户在产品或服务需求背后的痛点。表 5-2 可以帮助你理解针对客户需要的营销和针对客户痛点的营销之间的主要差别，以及这一差别对客户的影响力。

表 5-2 针对痛点的营销

需要	比萨	咖啡	出租车
痛点	不知道比萨何时送达	不知道家和办公室之外还有什么空间	对出行时间缺乏控制

---

① 此处为原书出版时的数据。——编者注

关于痛点的聚类研究

了解痛点的过程通常包括两个步骤：

（1）定性探索（通过对话了解痛点所在）
（2）定量测量（通过电话或网络进行调查）

处理数据的最好方式是进行关于痛点的聚类分析。从数学角度来看，这个概念很难理解，这种方式的目的是对受访对象进行归类（又被称为分类和聚类）。这些人对关于痛点的问题有着共同的响应模式，了解其模式能帮助你预测他们将来的购买行为。在销售脑公司，我们进行过数百次类似的研究，结果也许在你的意料之中：关于痛点的问题通常是最有效的问题，它可以帮助你对有共同消费行为模式的消费者进行分类。

本章要点

- 诊断痛苦能帮助你找出众多可能影响消费者行为的心理因素中最为关键的决策动机。

- 为了自身的生存和繁盛，人类总是渴望消除焦虑。我们的本性就是会优先注意那些使我们感到恐惧的信息，这就是为什么清晰表明可以消除某些痛苦的产品或解决方案总会受到更多的关注，总会让消费者急于购买。

- 有三种类型的痛点可以解释人们为什么总是受到某种独特价值主张的吸引：经济型痛点、策略型痛点和个人型痛点。它们都指向我们需要满足的物质、情感或心理需求。

- 首先你需要开展关于痛点的对话来了解（消费者的）核心痛点，其次你要用数字来衡量这些痛点的重要程度，最后将拥有共同核心痛点的消费者进行分类或聚类分析。

本书接下来的部分由帕特里克·任瓦茨撰写。他是销售脑公司的联合创始人，也是销售脑团队的"另一个半球"。在和我共创销售脑公司之前，帕特里克在全球飞行了超过300万英里[①]，向硅谷图形公司和LinuxCare销售复杂的产品和解决方案。作为一位计算机工程师，他热衷于将复杂的事物说得通俗易懂，他帮助过很多人传达重要的信息。

在前面的章节中，我帮助你们了解了为什么要应用神经营销——它是如何发挥作用的？为什么我们不能相信人们说的？为什么我们需要采用新方法来收集无价的信息、解码人们的真实意图？我们为什么不能再忽视说服科学？基于神经地图，我还介绍了准备说服信息的第一个步骤：诊断痛苦。

接下来，帕特里克将介绍准备说服信息的第二步——将你的产品特点主张[②]差异化。如何确定最重要的2~3项产品特点主张，来说服人们选择你提供的解决方案或采纳你的意见，而不是选择你竞争对手的或什么都不买？

---

① 1英里≈1.609 3千米。

② 通常以广告词的形式传达，根据上下文，书中一些地方会译成广告词。——译者注

第六章

将你的产品特点主张差异化

将你的产品特点主张差异化

为了使自己不可取代，一个人必须做到与众不同。

——可可·香奈儿（Coco Chanel），时尚设计师

你还记得第四章中提到的第二种刺激吗？反差。如果你期待潜在客户看出你的解决方案与竞争对手的方案存在不同，就需要清晰地展现你提供的解决方案的独特之处。受众的原始大脑需要在固有的环境中看到变化，才会付诸行动。如果你出售的东西并不独特，那么你在宣传自己的同时也是在为你的竞争对手做宣传。

最有可能出现的情况是，众多竞争对手提供的产品或服务与你提供的极其类似。看一眼你的网站主页吧，你是不是在说"我们是某某产品的顶级供应商"？再看一眼竞争对手的网站主页，他们是不是也在说"我们是某某产品的顶级供应

商"？这样能产生反差吗？这样的信息能让受众的原始大脑感知、理解并记住你吗？受众就像在一堆苹果中挑来拣去，除非你能确保你卖的苹果最大，否则他们很难选择你。

要将产品特点主张差异化，你首先需要理解冯·雷斯托夫效应（Von Restorff effect）。此概念首次被提出是在 1933 年，后来很多研究者也确认了这一发现：人们的认知偏误会导致他们更倾向于记住令人印象深刻的事物。要使你的解决方案脱颖而出，你需要说"我们是某产品首位 / 唯一 / 最佳供应商——我们提供的产品具备三个价值。"斯坦福大学的一位研究者埃琳·麦克唐纳（Erin MacDonald）写道："相比于产品的本质，产品的差异性更能吸引注意力。"[1] 请注意，大多数销售信息集中展现的是销售者的行为，而非强调客户应该购买的理由。为了突出展现自己的产品，并向客户的原始大脑传达有效的信息，你需要编写一套清晰的广告词，强调为什么他们应该选择你的产品。简单想象一下，你正在写《为何购买我们的产品》这本书，我建议这本书的内容不要超过三章（见图 6-1）。

图 6-1　产品特点主张之书示例

在第四章讨论记忆的内容中，我们提到人们的工作记忆只能保存和处理 3~5

条信息，因此我们建议最多选择 3 个主要产品特点。[2] 之后，为了最大限度保证人们理解并记住了你传达的信息，你必须在对外宣传的过程中持续重复这些特点。[3]

产品特点主张是神经地图中一个重要的概念。当公司谈论它们是谁、它们在做什么的时候，人们总是缺乏兴致，因为人们的原始大脑是以自我为中心的。所以，你必须将"你是谁、你做什么"转化为清晰、精确、有说服力的故事，以此说服潜在客户。以下是几个著名公司的案例，它们无一例外都使用简洁有力且一致的产品特点主张，也可以说是广告词。

著名的产品特点主张

以沃尔沃为例。人们为什么想买一辆沃尔沃汽车？对于这个问题，大多数人会在瞬间回答"安全"。如果我们要写《为什么要买一辆沃尔沃汽车》这本书，这本书将只有一章，但我们可能在"安全"这一章下看到三个小节。

再以苹果公司为例。苹果公司创建于 1976 年 4 月，在历史上它们只用过几个产品特点主张。20 世纪八九十年代，人们为什么会选择买一台麦金塔计算机①？当时，人们有两个选择：买一台个人计算机（其操作的复杂程度人尽皆知），或者买一台 Mac。苹果公司在成立的前 30 年里，其产品特点主张一直是"用起来很容易"。近些年来，在大部分计算机和手机都变得容易操作的时候，苹果公司也将其业务拓展到手机领域，同时其产品特点主张变成了"用起来很酷"。苹果公司不遗余力地改善产品审美和技术方面的用户体验，机身边缘圆润、造型瘦长、面部识别功能先进，甚至是包装盒——每一点都在传达"酷"。iPhone X 上市时价格跨越了 1 000 美元的门槛，人们一度认为智能手机一旦超过这个价格

---

① 俗称 Mac 机，是苹果在 1984 年 1 月发布的新型个人计算机。——编者注

就卖不出去了，却没料到人们对于"酷"的追求如此强烈，iPhone X 的销量如此之好。

如何选择你的产品特点

定义你的产品特点主张，从理论上说相当简单，但实际却极富挑战。我们可以将其分为三个重要步骤。

（1）确保每一条产品特点主张都符合**"TOP 原则"**。在这里，TOP 是三个单词的首字母缩写。

- 有疗效（Therapeutic）。产品特点主张应当承诺为潜在客户经历的痛苦提供解决方案。
- 独创性（Original）。产品特点主张应当具有足够强的辨识度，使你能与所有竞争对手区分开。要确保产品特点主张与竞争对手形成反差，你需要非常清楚潜在客户想要购买竞争对手的产品的原因。
- 可证实（Provable）。你必须有充足的证据支撑产品特点主张。

（2）你必须仔细打磨产品特点主张，也就是广告词，使其易于记忆。

（3）当把所有产品特点都放在一个句子中时，它们必须能够支持你的使命声明："我们是唯一 / 最好的公司，同时具备上述 3 个特点。"在销售脑公司，我们向许多公司提供培训，确保它们的使命声明包含 3 个产品特点，且没有其他内容。

销售脑公司为客户打磨的广告词

在客户进行决策的过程中，使用清晰的广告词能消除他们的困惑。本书前面所举的例子表明，对大多数 B2C（企业对消费者）业务而言，只使用一个产品特点主张效果会更好。在进一步讨论广告词的科学因素之前，让我们先来看一下销售脑公司一些 B2B（企业对企业）业务的例子。

CDF 是一家专注于劳动法的律师事务所，在加利福尼亚设有多处办公室。传统意义上的律师事务所对外传达的信息主要涉及两方面：第一，它们是谁（合作伙伴名单）；第二，它们做什么（它们从事的法律领域）。它们并不会明确说明为什么你应当选择它们。作为对比，如今 CDF 有 3 条清晰、精确且一致的产品特点主张，而这 3 个主张都符合"TOP 原则"（见图 6-2）。

图 6-2　CDF 的产品特点主张

- 有疗效：帮助客户应对暴露在风险中产生的痛苦。
- 独创性：其他律师事务所没有类似的主张。
- 可证实：听起来很棒。

在评论这 3 条广告词时，CDF 的管理合伙人玛丽·D. 迪桑特（Marie D. DiSante）说："开发和确定这一套广告词，帮助我们向潜在客户说明他们与我们合作的理由。我们注意到，这些广告词以保护客户为核心，能更有效地说明我们的专业性。有了这样的平台，我们可以借此向客户强调我们处处为他们的利益着想。说服客户选择我们的服务将更容易。"

CodeBlue 是修理行业的领军企业。通过分布在全美的承包商网络，它能确保每一个投保人的设备在出现故障之后能获得最快、最有效的维修服务，并保证将设备修复到受损前的状态，且不受任何其他因素的干扰（见图 6-3）。

速度极快
在美国的任何地方，我们的精英专家承诺提供业内最快的回应速度

极为科学
我们的受训专家以独有的方法、有效的方式帮助投保人将设备修复到受损前的状态

服务极佳
我们有着卓越的管理技术，确保为客户提供良好的用户体验，同时获得更高的客户满意度评分

图 6-3　CodeBlue 的产品特点主张

CodeBlue 的 CEO 保罗·格罗斯说："我们向市场投放了一套绝佳的产品特点主张，9 个月后，我们的资产总额增长了 34.87%。"

品牌与广告词的关系

许多营销专家尝试精准定义品牌，但"品牌"这一概念始终很模糊。我们建议采用如下定义："品牌是留存在人们脑海中的一段记忆，它将一个产品或一种服务的名称与人们渴望获取的一系列利益联系在一起。"

例如，听到"沃尔沃"这个名字时，你的大脑中会调取关于"沃尔沃"的记忆，此时，最有可能进入你脑海的词就是"安全"。这两个词（"沃尔沃"和"安全"）之间的联系，是 60 年前沃尔沃总部战略决策的结果。沃尔沃向外传达的大部分营销信息，始终强调安全，这就使大众对此形成了深刻的记忆。很有可能在听到沃尔沃这个名字的半秒内，你就联想到了安全这一特性。应当注意，这样的联想更多是由情绪驱动的，而不是认知，所以这种联想与原始大脑有关。[4]

因此，广告词需要精准表达品牌最关键的特质，需要字斟句酌，以便人们进行记忆和回忆。

B2C 和 B2B 品牌有着重大区别。对大多数 B2C 品牌来说，产品特点主张（旨在说服消费者）通常是很含蓄的。沃尔沃着实是个例外。但对于 B2B 品牌而言，最重要的是顶层执行部门需要承诺制定 3 条清晰、精确、前后一致的产品特点主张，即客户选择他们的解决方案的 3 个理由。品牌应当一次性确定这些产品特点主张，并将其作为宣传重点。

为什么限定 3 条产品特点主张

请尝试记住这句话："我喜欢加州的天气。"重复念几次。

现在不要看印在这张纸上的这句话，尝试一个字一个字倒着说这句话。不简单吧？可为什么呢？

因为你的工作记忆在一个瞬间只能处理数量有限的概念，通常是 3~5 个。刚才那句话一共有 8 个字，会卡住你的工作记忆。现在尝试记住这句话："我爱加州。"然后将它倒过来说。这么做简单多了，因为你的工作记忆让你可以操控这条信息。也许你还记得，原始大脑要求你的信息便于记忆，而 3 句广告词（传达产品特点主张）将简化大脑处理信息的过程。因此消费者能回忆起重要的信息，从而做出决策。

调取流畅度（retrieval fluency）指的是从记忆库中获取信息的难易程度。为了理解一个概念、观念或者一段完整的营销信息，我们的工作记忆会首先从大量信息中选择三四组数据，将其与相关信息存储在大脑中，以便日后调取。同样，在我们想讨论某个话题时，我们的大脑也只能调取与之相关的三四组数据。[5, 6]一组信息可以被定义为一个想法、一种感受、一点见解或一条概念——平均说来，它可以占据 20 秒左右的工作记忆时间。但当工作记忆需要吸收新的信息时，它就会剔除现有的一部分信息，以保证有足够空间容纳新的信息。根据史密斯和乔尼德斯[7]的研究，听到一条信息时，我们的大脑会自动将其分成三四个部分，然后将其存储在工作记忆中——其中的每一个部分都会被贴上一个简单的标签（通常只有一个词），哪怕它涉及一个十分复杂的概念。因此，当你想要对价值主张进行巨细靡遗的说明或想要铺陈解决方案的所有好处时，你的受众很难处理全部信息并记住它们。但是，如果你只用 3 点内容组织所有论证，并将 3 个产品特点主张设为其对应的标签，受众就能很好地理解并记住你的信息。

其他研究者已经证实，说服效果和目标信息之间是渐近函数关系。一旦超越一个点，即使提供更多的信息（哪怕是客观的），也无助于提高说服效果。[8]逐字效应（我们只能记住一个人说话的要点，而不是全部字句）的神经基础被证实与我们原始大脑中的海马体活动有关。[9]

总结一下：最多选择 3 组信息（产品特点），简化这些产品特点的表达，这样才能增强信息的有效性，客户的原始大脑会更容易理解、处理、编码你的信息。

为什么需要打磨你的广告词

　　信息处理流畅度指的是大脑处理信息的难易度。多年来，无论做营销，还是给公司起名字，甚至是财务管理，都要考虑信息处理流畅度的问题。比如，研究者们发现，在首次公开募股的第一周内，名字发音容易的股票通常表现得更好，比如代码为 KAG 和 KHG 的股票的表现就不一样[10]。此外，一些研究也发现，有韵律的广告词和没有韵律的广告词的表现存在巨大差异，差异主要体现在受欢迎程度、品质、原创性和可记忆性 4 个方面。[11] "有韵律即有理"，这虽是另一种认知偏误，却展现了原始大脑是如何主导我们的认知的：话说多少不重要，关键要说得漂亮。

　　当然，通过其他方法也能提高信息处理流畅度，比如增强字体的可阅读性。相比于很难辨认的字体，易于阅读的字体能带来更强烈的亲切感，更容易赢得受众的信任。[12]使用更清晰的字体颜色（与背景对比鲜明）也能提高信息处理流畅度。[13]相比于语义模糊的信息，重点明确的信息更能增强信息处理流畅度。[14]

本章要点

原始大脑易于接受的信息符合以下条件。

- 向你的目标客户许诺，提供可以解决他们核心痛点的方案。
- 使用易于传播的简单词句。[15]
- 传达产品特点主张时不超过 3 条广告词，千万不要使目标客户的工作记忆过载。
- 最大限度保证信息处理流畅度，比如使用易于辨认的字体、采取对比鲜明（字体颜色和背景颜色）的设计。[16]

- 广告词听起来要顺耳。在打磨你的广告词时，你需要关注以下几点。

  ○ 重复使用一个词，比如"保护××，保护××，保护××"。这样你就能创造一条"元广告词"——一条广告词之上的广告词。

  ○ 选择押头韵，即毗邻的单词首字母相同，或发音一致，比如"诊断、差异化、展示和传达"（Diagnose, differentiate, demonstrate and deliver）。①

  ○ 选择压尾韵，比如"节省你的时间，节省你的金钱，节省你的精力"（"Protect your time, protect your dime, protect your piece of mind"）或者"痛苦、产品特点主张、收益"（"pain, claim, gain"）。在《先发影响力》（Pre-suasion）一书中，罗伯特·西奥迪尼（Robert Cialdini）教授说道，作为一条产品特点主张，"细心谨慎和措施得当会给你带来财富"（"Caution and measure will bring you riches"）显然不如"细心谨慎，措施得当，积累家当"（"Caution and measure win you treasure"）更上口。②关于劝说技巧，有这么一种说法："押韵在，财源来。"[17]

  ○ 采用其他任何可以创造音韵美的语言技巧。

---

① 在英语中，这四个单词的首字母都是d，即押头韵。在中文语境中，可以使用第一个字相同的词，如节约、节省、节制。——译者注

② 此处作者举的都是压尾韵的例子，即单词或句子最后的字母相同或发音相近。在中文语境中，压尾韵是比较常见的，特别是在诗歌中。——译者注

第七章

展示收益

展示收益

无与伦比的广告词需要无懈可击的证据的支持。

——卡尔·萨根（Carl Sagan），天文学家、作家、科学传播者

在你成功地诊断出客户的痛点并将产品特点主张进行合理的差异化之后，你需要做的是向客户展示他们可能获得的收益，以此来触发他们的购买决策。请记住，不是要你展示产品的实际价值，而是要展示大众认可的价值。因而，你需要就产品的价值进行有效、有说服力的展示。你的客户需要听到或看到实际的证据，即那些他们易于理解及相信的信息。你要努力消除他们心中的疑虑，为了达到这个目的，你必须全力以赴向他们展示可能的收益（我们将其定义为价值和成

本间的差异）。

牛津大学的一些研究者认为："当一则广告成功说服一位受众时，我们几乎可以断定，这位受众一定已经评估并认可了广告中商品价值的真实性。"[1]

人脑计算收益的科学原理

在神经经济学领域，对收益计算的研究不胜枚举。我们在前文也进行过简单的介绍。收益计算即为衡量决策的效用，它影响着消费者的购买意愿——为不同商品花费数额不等的金钱。这些研究试图理性地解释人们的购买行为：洛杉矶从不下雪，为什么当地人还是想购买昂贵的运动型多用途汽车（SUV）呢？

斯坦福大学心理学和神经科学教授布莱恩·克努森（Brian Knutson）与卡内基梅隆大学的经济学和心理学教授乔治·勒文施泰因（George Loewenstein）合作开展了一项实验，试图了解人们在决定购买食物或娱乐产品时大脑中发生的变化。[2]在一个虚拟场景中，每个被试都拿到一笔钱，他们可以用这笔钱购买任何他们想要的商品：巧克力、录音机、最近出版的《哈利·波特》系列图书或其他商品。当一个被试选定一件商品后，相应数额的金钱会被扣除。通过使用功能性磁共振成像技术，研究者可以用视觉图像研究被试大脑中特定部分的活动。他们发现，向一位被试展示一件商品的图像时，他脑中的伏隔核会被激活。在前面的章节中我们已经提到，在多巴胺反馈机制中，伏隔核起到了关键作用。研究者发现，伏隔核的活跃程度与被试对一件商品的渴求程度息息相关。如果被试并不是特别想要一件商品（比如，他对最新出版的《哈利·波特》系列图书不感兴趣，因为自己已经有了），他的伏隔核就不会有太多活动。

在向被试展示一件商品的价格时，功能性磁共振成像显示他的脑岛（原始大脑中负责处理痛苦和负面体验的部分）会被激活。不仅如此，花钱的过程还会使内侧前额叶皮层（大脑中参与复杂认识、负责调节社会行为的部分）停止工作。研究者证实，通过独立测试大脑中这些部分的活动预测被试的购买决策，通常要比被试自我报告的购买动机更为可靠。此外，研究者还证实，神经活动参与了衡量购买行为（获得"价值"）带来的愉悦和支付金钱（付出"成本"）造成的痛苦的过程。这项实验有效评估了被试对于收益的神经回应程度。

记忆和收益评估

记忆是如何对商品的价值（或价格）进行编码的？大脑处理数字信息的过程非常复杂，人们对此进行过大量的研究。数字能以不同的形式呈现，比如以下形式：

- Seven：英语文本
- 7：阿拉伯数字
- VII：罗马数字
- *******：特殊符号

然而，人们通常不会通过上述形式记忆一个数值，但人们会将一个数字的近似值进行编码。[3]

- 指一个孩子的年龄时，7 意味着"年幼"。
- 指一天的气温时，7 意味着"寒冷"。
- 指一瓶葡萄酒的价格时，7 意味着"便宜"。

认知偏误也会影响人们处理数字信息和比较数值的能力。比如，有一种认知偏误叫作距离效应（distance effect）：判断 7 比 2 大所需的时间要比判断 7 比 6

大所需的时间更长。还有一种认知偏误叫作量级效应（magnitude effect）：在同样相差 1 的情况下，相比于 8 比 7 大，人们更容易判断 3 比 2 大。[4] 以上研究告诉我们，要有效劝说消费者购买一件商品，必须确保他能轻松、快速地判断该商品的价值和成本之间的差异。

在大多数 B2C 商业模式中，只有在展示商品的价值之后，企业才会出示或讨论价格。而在大多数大型交易（B2B）过程中，只有到了交易的最后环节，买家才会得知商品的价格。即使是一些单笔数额很低的交易也是如此。比如在亚马逊或易贝上进行交易时，你会发现商品的图片总是显示在屏幕的左侧，而商品的价格总是显示在屏幕的右侧，这样做是为了确保消费者首先看到商品（积极刺激），再看到价格（消极刺激）。实际上，斯坦福大学的研究者还研究了"价格第一"策略的影响。他们发现在介绍商品的价值之前，先向被试出示商品价格，被试的大脑会产生不同的反应。[5] 先出示价格，被试会先评估商品的经济价值，而先展示商品的使用价值，他们会先考虑商品是否有吸引力以及自己对它的渴求程度。结论就是：如果你出售的商品不是同类型产品中最便宜的，那么你要做的是先展示其价值，而不是价格。

你的价值主张

在营销领域，价值（通常被称作"价值主张"）是一个很重要的概念。在已出版的约 200 000 种关于营销的著作中，有约 1 000 种是专门讲价值主张的。相比之下，目前关于神经营销的著作有大约 60 种，而关于销售这一主题的著作则超过了 1 000 000 种。

从原则上说，当你试图出售一个产品或一项服务（甚至一个点子）时，无论你如何定价，始终都要让客户感到他们的收益最大。换句话说，就是无论定价多少，你必须尽最大努力将产品或服务的价值最大化。一旦这么做了，你就能将客户的收益（价值减去成本）最大化。试想一下，你在出售一辆售价为 5 万美元的汽车，如果能让客户认为这辆车的价值和一辆宾利、法拉利或特斯拉相当，你就能很轻松地卖掉这辆车，所以，要重视客户对于价值的感知。

在审视最常见的价值模型的过程中，我们将价值分为三类：经济型、策略型、个人型。也许你已经发现，在讨论痛点的类型时，我们同样将人们面对的痛点分为这三类。我们进一步得出结论，价值可以由四方面的证据支持，分别是：社会性证据（客户证词）、观测性证据（产品展示）、分析性证据（数据统计）以及激励性证据（发展愿景）。我们可以用表格的形式展示价值，如表 7-1 所示。

表 7-1　价值矩阵

价值 ＼ 证据	社会性（客户证词）	观测性（产品展示）	分析性（数据统计）	激励性（发展愿景）
经济型				
策略型				
个人型				

价值的三种类型

经济型价值

经济型价值指的是可量化的价值，可以是积累的存款，也可以是获取的额外收益。人们都厌恶损失，帮助客户节省 1 美元的心理价值是帮助他们赚 1 美元的心理价值的 2.3 倍。[6, 7]

在 B2B 模式中，经济型价值通常被贴上投资回报率（ROI）或总拥有成本（TCO）的标签，会被仔细量化。例如，在这个模式中，你不应该说"我的解决方案可以帮你省钱"，而应当说"采用我的解决方案，你的生产成本会降低 12%"。比后者更好的表达方式则是"采用我的解决方案，你每年可以节省 58 000 美元"，精确的价值量化要比"我们能帮你省钱"之类的模糊声明好得多，因为前者更容易被感知。[8]另外，在量化的过程中，使用精确的数值要比使用百分比更容易让人接受，因为它能帮助你更好地比较价值和成本间的差距。如果你为你的解决方案标价 50 000 美元，那么你的客户能在一瞬间明白他们能在一年内收回成本。这样的收益计算非常简单，原始大脑也可以完成。

策略型价值

策略型价值指的是客户期待获取的一种商业价值，这种价值不能从经济的角度被量化，但能提供真实的利益。比如，你正在向沃尔沃出售一种新型的安全带，其安全系数要比沃尔沃目前使用的高得多。因为安全性是沃尔沃价值主张的核心部分（事实上，安全性也是沃尔沃最主要的产品特点），所以你的解决方案（提升安全性）代表一种策略型价值。请注意，将这种价值转换为经济型价值是很有挑战性的。尽管提升沃尔沃汽车的整体安全性极富价值，但声称它会帮助沃尔沃增加销量将是一项艰巨的任务，因为将更高的安全性和更高的销售额绑定在一起，即使可行，也极难实现。

与经济型价值类似，策略型价值也应当尽可能被量化。还是以沃尔沃为例，它不应该说"我们的新型安全带让驾驶更安全"，而应当说"我们的新型安全带将安全系数从 88 提升到了 91"。请注意，在这个案例中，价值的量化让客户感觉更为真切，因此更能触动客户的原始大脑。

策略型价值能确保商业风险更低、机会更多样、质量更高、差异化更明显等。这些都指向风险降低和不确定性减少——这正是吸引原始大脑的最重要的因素。

个人型价值

个人型价值指的是你能向客户提供的心理或生理方面的利益。个人型价值包括压力降低、所有权得到满足、工作负担减轻、升职、成为英雄、在工作方面更有安全感或被赋予更大的权力、获得奖金、在公司内外获得认可等。与经济型价值和策略型价值不同的是，除非使用心理学量表，否则个人型价值很难被量化。但是，如果你的解决方案可以帮助客户缩短工作时间，你就要尽可能计算出到底能缩短多少，一周 5 分钟还是一天 1 小时。请注意，如果缩短工作时间的利益让客户反过来要求你降低方案的价格，你就需要将你的方案能带来的经济利益量化。这时候，你不应该说"我们的解决方案会帮助你节省时间"，而应当说"每条生产线都能节省 5 分钟，意味着在周五你就不用加班了（个人型价值），每台机器的生产成本也会随之降低 27 美元（经济型价值）"。即使是在大宗 B2B 交易中，也不能低估个人型价值的作用。例如，在 IBM 销售大型计算机的那些年里，它的格言就是"没人会因为选择 IBM 而被解雇"。

有效的说服工具应当以将产品（解决方案）的价值最大化为目标，不仅如此，它还应当让价值尽可能地被量化，而不要交由受众去任意猜想。

四种类型的证据

在表 7-1 的价值矩阵中，不同类型证据的强度由左向右递减。其中，客户证词是最强有力的证据，而激励性证据——发展愿景是最弱的证据，这是因为它要求客户对你足够信任，即他们能全盘接受你传达的信息。

社会性证据：客户证词

在《影响力》(*Influence*) 一书中，作者罗伯特·西奥迪尼总结了六条影响力法则。[9]

- **社会认同**：你采取某种特定行为或方式，越这么做，就越容易激励更多人接受这样的行为。
- **承诺和一致**：一旦某人宣称选择了某个方向，那么在将来，因为受到心理上的激励，他能始终坚持这个方向。
- **互惠**：你帮助别人，别人也会反过来帮助你。
- **喜好**：你和他人的关系越好，你就越有可能影响他们。
- **权威**：被视作专家或掌权者的人更有影响力。
- **稀缺**：一种东西越是罕见，其价值就越高。

关于社会性证据的影响力，有一个经典的例子。在观看一部喜剧的过程中，背景笑声能使观众笑得更频繁、每次笑的时间更长，也能确保他们给这部喜剧打更高的分。[10]西奥迪尼断言，我们把我们看到的他人做的事情定义为正确的行为。关于从众现象，还有一些常见的例子：酒保总会在小费罐中预先放几美元，汽车生产商宣称其卡车在美国销量最大，或者一些公司不厌其烦地将其客户名单列出来。原始大脑会让我们表现得像温顺的绵羊。我们越是认可周围人的行为方式，就越可能模仿他们。在商业环境中，我们该如何践行这条法则呢？答案是：使用一位或者多位客户的证词。

客户证词（或者说"客户故事"）代表最好的证据，不仅因为它来自第三方（与来自销售商的情形完全相反），更因为它代表着社会规范。进一步讲，经过了仔细打磨、合理宣传的客户证词能将受众带往一个不同的世界——我们会在本书第八章对此现象进行详述。想象一下，你正向宝马出售一种新型的安全带，而之前你已经向沃尔沃售出过这种产品了。你可以利用以下客户证词。

通过使用来自新供货商的新型安全带，我们生产一辆汽车的成本降低了 7 美元，相当于每年节省 350 万美元（经济型价值）。与此同时，我们汽车的安全系数提高了 3 个点（策略型价值）。这也使我们的销售部门获得了由 CEO 颁发的"最佳部门贡献奖"（个人型价值）。

——约翰·斯温森（Johann Swenson），沃尔沃采购经理

可以预见的是，宝马的采购部门很难驳斥这条证据。它深知自己的产品和沃尔沃有太多相似之处。在听到这条证词之后，它很可能会开始想象自己很快也会获得同样的收益。

西奥迪尼指出，我们在观察与自己有很多相同点的人们的行为时，社会性证据发挥的作用非常显著。[11] 还是以宝马和沃尔沃为例，因为两者都是卖汽车的，所以社会性证据能起作用。但如果你的目标受众是全球农机巨头美国迪尔公司和飞机制造商波音公司，那么社会性证据的价值就不大了。

简而言之，客户证词代表过去没有任何值得怀疑的地方。它陈述的是简单直接的事实，因此对于原始大脑有着巨大的影响。

下面介绍一个利用客户证词支撑自身价值的例子。托瓦（Tovar）是美国最大的除雪服务公司，它的客户包括银行、医院和大型商场之类的机构。它的客户面临同一种与速度有关的烦恼：一场暴风雪过后，如何以最快的速度恢复停车场的正常运作？对医院来说，如果救护车不能驶入医院大楼，病人可能面临生命危险；于商场而言，如果购物者没法进入停车场，商场的经济损失可想而知。在销售脑公司的指导下，托瓦公司确定了一条宣传其服务迅捷性的广告词：即刻沟通、即刻行动、即刻安心。托瓦还请销售脑公司帮助其设计了一套形象宣传图。为了证明"即刻安心"的价值，我们建议托瓦采用如图 7-1 所示的客户证词。在这个例子中，客户使用了"全然放心"这样的字眼，与托瓦广告词中的"即刻安

心"相呼应。

总之，证明产品或服务价值的最好方式是合理利用客户证词。客户证词是一种社会性证据，对于受众的原始大脑有很强的说服力。另外，你也可以将客户故事制作成视频，增强其视觉感染力和情感冲击力。

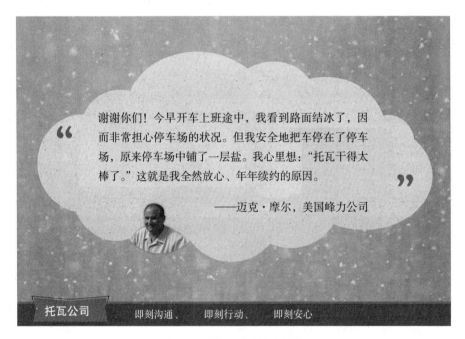

图 7-1　托瓦所采用的证词

观测性证据：产品展示

展示是利用道具、图像或符合逻辑的一系列步骤证实当前的价值声明。回想一下达美乐比萨的产品特点主张"30 分钟必达"，这是对其服务速度的有效展示（见表 7-2）。

表 7-2　达美乐价值矩阵

价值 　　　　　 证据	社会性 （客户证词）	观测性 （产品展示）	分析性 （数据统计）	激励性 （发展愿景）
经济型				
策略型				
个人型		☑		

在图 7-2 中，索尼强调了一种小型投影仪的个人型价值：很难分辨图上机器哪一台是笔记本电脑，哪一台是投影仪。这则广告投放的时间大概在 20 年前，那时候的投影仪大多又笨又重。

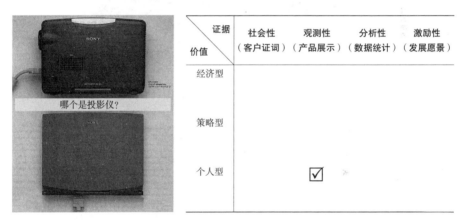

价值 　　　 证据	社会性 （客户证词）	观测性 （产品展示）	分析性 （数据统计）	激励性 （发展愿景）
经济型				
策略型				
个人型		☑		

图 7-2　索尼投影仪价值矩阵

图 7-3 是另一个产品展示的好例子，它利用了人们天生的好奇心来传达其价值主张。

3M 防窥片的具体价值并没有被阐释清楚，也没有被量化，但该广告通过强调三种类型的价值，让受众明白了个人隐私的重要性（见表 7-3）。

图 7-3　3M 广告

表 7-3　3M 价值矩阵

价值 \ 证据	社会性 （客户证词）	观测性 （产品展示）	分析性 （数据统计）	激励性 （发展愿景）
经济型		☑		
策略型		☑		
个人型		☑		

- 经济型：如果你的机密信息被别人看到，你可能蒙受重大的经济损失。

- 策略型：泄露机密信息对你的业务可能是致命的。

- 个人型：身份被盗用、信用卡信息泄露、敏感的个人财务或健康信息泄露，其后果可能困扰你多年。

以上这些例子说的是不同的价值点，但你要留意这些价值是如何被展示的。

以 3M 广告为例，视觉的焦点在其价值主张（你为什么要购买这个产品）上。拿这个广告和其他广告进行比较便能发现，大多数广告是在对产品进行冗长的说明，很少告诉受众他们需要购买的原因。

在说服客户的过程中，产品展示之类的观测性证据的重要性仅次于客户证词。

分析性证据：数据统计

"我们只相信老天爷，其他的一切请用数据说话！"这是怀疑论者的论调。怀疑论者固然只相信数据，但数据往往太抽象，不如客户证词或产品展示那么有力。但你依然可以通过数据证明产品或服务的价值。

研究显示，当你使用数据作为证据时，数据来源的可靠性会直接决定说服效果。[12] 另有研究显示，将数据量化说服效果更好。不过也有例外情况：有时候，量化数据只能被专家理解，而你显然不能期望你的客户都是相关领域的专家。[13] 神经地图的诊断是为了揭示客户面临的痛苦，也为你提供一个树立自身权威的机会。

想象一下你正在出售一种生产设备。为了证明你产品的价值，你可以说："我们的新机器每年能帮助你节省 240 000 美元的生产成本。"这样的声明并不是在使用数据证明产品的价值，但这些数据很能鼓舞人心，这好比在说你可以帮助客户省钱。

再设想另一种说法："我们的新机器能将你的生产时间缩短 10%。如果你的工厂每年工作的时间是 2 400 小时，使用新机器后你每年可以节省 240 小时；你的生产成本是每小时 1 000 美元，使用新机器后你每年可以节省 240 000 美元。"

以上两种说法都提到了可以节省的金钱的数额（240 000 美元），但第一种说法只要求客户完全信任你，而第二种说法则要建立在以下两个假设的基础之上。

- 客户相信你的机器会将他们的生产时间缩短 10%。接下来的几个数据则是以此为基础，简单计算后得出的结果。

- 客户需要理解你的论证逻辑。因此，他们需要明白你是怎么得出能节省 240 000 美元这个结论的。

这个例子比较好理解，但在大部分 B2B 交易中，计算过程非常复杂，这不可避免地会给客户造成巨大的认知障碍。这项任务不但劳心费神，甚至可能适得其反。

因此，你的目标应当是：使用受众可以理解的计算方法或抽象概念，将你的产品价值（无论经济型、策略型，还是个人型）进行量化。比如，如果你要向一家公司的 CFO 兜售你的解决方案，你需要使用一个复杂的投资回报率模型。但如果你进行的是一桩 B2C 交易，你就要确保你使用的数据易于理解。记住，即使是最简单的数据，也不足以吸引原始大脑。

图 7-4 和表 7-4 是使用数据证实价值的极好例子。

图 7-4 奎因律师事务所数据示例

表 7-4 奎因律师事务所价值矩阵

价值 ＼ 证据	社会性（客户证词）	观测性（产品展示）	分析性（数据统计）	激励性（发展愿景）
经济型			☑	
策略型				
个人型				

请注意图 7-4 中的广告是如何使用数据的——引用法官认可他们立场的次数的百分比。他们虽然提供了证据，但没有强调经济型价值（赢一桩官司平均能帮客户省多少钱），更没有提到个人型价值（想象一下诉讼过程中面临的巨大压力让当事人度过了多少个不眠之夜），因为要量化这两者非常困难。

蒙纳克医疗科技公司开发了一套新的软件系统，可以帮助糖尿病病人更好地控制体内的葡萄糖水平。图 7-5 的宣传图用数据强化了护士照料病人过程中遭受的痛苦。

然后，第二张宣传图（见图 7-6）用各种数据证明其解决方案的价值，并与图 7-5 中的数据（护士的痛苦）进行对比：

- 0.7% 的偏差 vs 93.3% 的偏差；

- 检查次数减少了 46%；

- 护士满意度提高了 75%。

结论：在说服效果更强的社会性证据或观测性证据缺失的情况下，数据可以证实一个产品或一项服务的价值。高效的说服者应该让数据更便于理解、可信度更高。

图7-5　蒙纳克痛苦视觉图

蒙纳克 EndoTool 算法

60+ 控制算法
- 初始算法
- 剂量算法
- 大药片剂量算法
- D50 计算
- 频率算法
- 正反馈话化上调算法
- 负反馈抑制下调算法

0.7%
- 无临床原因而偏离推荐剂量

46%
- 一个病人平均每天需要做的血糖检测次数减少（成本下降）的比例

75%
- 护士满意度的提升比例

图 7-6 蒙纳克收益视觉图

激励性证据：发展愿景

在没有任何实质性证据时，还有一种方式可以采用——利用愿景或信念的力量。我想你肯定听过这样的广告宣传："相信我们，我们可以帮你节省 1 000 美元！"因为没有确凿的证据，销售者需要做出大胆、能给人留下深刻印象的承诺。这样的激励性证据通常需要卖家讲故事、做类比，甚至使用隐喻，以便让潜在客户相信产品的价值。

图 7-7 中的广告多次获得广告大奖。

图 7-7　桑德斯（Sanders）的广告

请注意，这并不是一个真实客户的案例，因为没有人会相信这样的汽车牌照会真的存在，这只可能是广告公司的创意。但如果有一个刚离过婚的女人站在这辆车的边上，这就可能是一个真实案例了。这同样不是产品展示，因为这并不能证明一个女人真的根据离婚协议得到了这辆车。因此，这则广告借助的是愿景："相信我们，我们可以帮你赢得这辆车。"这则广告同时隐含经济型价值，比如这辆车的价值可能是 5 万美元。当然，这则广告也含有个人型价值的成分：报复。

表 7-5 显示了这则广告的价值矩阵。

表 7–5　桑德斯价值矩阵

价值 ＼ 证据	社会性 （客户证词）	观测性 （产品展示）	分析性 （数据统计）	激励性 （发展愿景）
经济型				5 万美元
策略型				
个人型				报复

应当注意，虽然这则广告使用的证据说服力比较弱，但依旧产生了很大的影响，因为它传达的信息能直击受众的原始大脑。

另外一个用愿景达成交易的例子是吉姆·克拉克（Jim Clark）创建的网景（Netscape）公司。作为一个企业家，吉姆先后创建了 3 家公司，总市值超过 10 亿美元。他首先创建的是美国硅图公司（SGI）。我第一次见到他时，他正帮助 SGI 在法国图卢兹开办一家分公司；第二次见他，是因为 SGI 邀请我去它在加州山景城（Mountain View）的总部工作。吉姆在 1993 年离开了 SGI，自己投资 300 万美元创建了网景公司。网景开发出世界上第一个网络浏览器，由此开启了互联网时代。1994 年，吉姆为募集资金的事伤透了脑筋，因此他向硅谷最顶级的风险投资公司兜售他的创意：一个浏览器的价值——用图形界面确保用户易于获取网页上的信息。但在当时，这些创意只能由吉姆·克拉克的愿景来支撑，那时，他无法使用以下三种证据中的任何一种。

- 客户证词。没有人会因为比尔·盖茨凭借 IE 赚了一大笔钱就说网景同样能做到。况且微软开发 IE 是在网景开发浏览器好几年之后。
- 产品展示。因为吉姆筹集的资金恰恰是用来开发浏览器导航的第一个版本的。
- 数据统计。没有可靠的数据统计可以预测将来会有多少人使用浏览器。

此外，关于人们可以利用互联网做什么的问题，各方也没有达成共识。科学家们利用互联网分享研究数据，那普通人呢？

1993—1995 年，网景亏损巨大，吉姆想尽一切办法维持公司的正常运转。自 1995 年 8 月 15 日首次公开募股起，人们开始认可吉姆的愿景。在这之前的 6 个月，网景的总资产只有 1 600 万美元，首次公开募股后，网景的估值达到了 20 亿美元，吉姆也筹到了超过 3 亿美元现金。要知道，吉姆当时认为在未来两年之内网景都不会盈利。可见，一个好的愿景价值有多大。

在取得这不可思议的成功之前，吉姆有一段时间也难以兜售他的愿景。事实上，硅谷顶级风险投资公司之一恩颐投资（New Enterprise Associates）就曾经拒绝吉姆作为早期投资者加入其中。在那个时候，大家还看不出网络浏览器的价值。把投资砸在一个企业家的愿景上，是一项非常冒险的举措。

这个故事告诉我们，即使你是吉姆·克拉克，即使你拥有一款足以改变世界的软件，你也应当想办法更好地展示你的产品价值（不能仅谈愿景），以此影响受众的原始大脑。愿景当然有一定的说服力，但它是说服力最弱的证据。

请注意，我们说的四种类型的证据之间的界线不是确定不变的。比如，如果你在出售牙刷，可以说："80% 的牙医推荐使用我们的牙刷。"请注意，这样一条宣传语是分析性证据和社会性证据的结合，与先前举的单一分析性证据（它能节约生产成本）相比，多样性证据的说服力显然更强。

成本

同价值一样，成本同样可以分为三个部分（见表 7-6）。下面我们逐一进行讨论。

表 7-6　成本矩阵

部分	成本
经济型	
策略型	
个人型	

经济型成本

经济型成本总是最容易定义的成本。在 B2C 交易中，商品的价格总是被写在标签上。而在 B2B 交易中，报价通常被突出显示在投标书的第一页或最后一页。

策略型成本

在 B2B 交易中，最需要考虑的是策略型成本。这包括选择你的解决方案需要付出的商业成本：风险增加、灵活性降低、将重要的资源转移到解决方案的部署上，等等。

个人型成本

个人型成本涉及你的解决方案是否会给买家的生活带来负面影响，可能包括选择另一个卖家可能带来的风险、学习使用一个新系统产生的不适、必须投入更多时间、应付一个全新的操作流程带来的压力等。

收益

收益等式如下所示：

收益＝产品特点价值1+产品特点价值2+产品特点价值3－成本

我们建议，在计算总价值的过程中，只计算你的解决方案带来的独特价值（你的产品特点主张的价值），不要计算客户当前的解决方案和你提供的解决方案之间的价值差。这是因为，要比较两种不同的解决方案，原始大脑首先需要理解你的方案的独特价值。因此，计算出的收益并不代表客户当前的解决方案和你提供的解决方案之间的差异，你应该计算的是你的解决方案和其他任何竞争对手的解决方案之间的差异。如果将损失厌恶考虑在内，更符合心理学规律的收益等式应当是这样的：

收益＝产品特点价值1+产品特点价值2+产品特点价值3–2.3×成本

进一步讲，我们应当注意，在做出购买决策之后，客户的大脑马上会因成本感到痛苦。而客户只能期待在将来某一时刻，当他清楚他选择的解决方案的价值时，过去经历的痛苦可以缓解。因此，收益等式变成了：

收益＝–2.3×成本[1]+产品特点价值1+产品特点价值2+产品特点价值3[2]

要知道，向客户解释这个复杂的等式极具挑战性。在销售脑公司，我们总是要求卖家以原始大脑易于接受的方式阐释他们的收益等式。也就是说，在展示收益时，卖家需要精心设计，确保客户能够理解，便于客户记忆。

本章要点

- 收益是价值和成本之间的差异。
- 证明收益的过程非常重要，因为它可以确保价值主张清晰、可信。

---

[1] 成本在购买时能完全感受到。

[2] 产品特点价值会在将来某一刻感受到，其概率与证据的强度有关。

- 卖家需要证明收益的可信度。
- 应将价值细化为经济型价值、策略型价值、个人型价值。
- 证实价值有四种方式。最有效的方式是利用客户证词，其次是产品展示和数据统计，最后才是发展愿景。

现在你已经完成了三件事情：

- 诊断痛苦；
- 将产品特点主张差异化；
- 展示收益。

你要向客户传达的信息已经编写完成，接下来要考虑如何传达你的信息。你需要做的是：

- 向原始大脑传递信息。

第八章

向原始大脑传递信息

向原始大脑传递信息

对销售过程中三个部分（痛点、产品特点主张、收益）进行详细分析，能帮助你准确定义你想要传递信息的核心内容。例如，传递什么样的信息才能使目标受众的大脑（理性大脑与起决定性作用的原始大脑）最大限度地接受，并做出购买决策。现在你需要考虑如何将痛点、产品特点主张和收益的概念传递给他们，以确保他们能够真正理解、相信并记住你所说的话。记住，你需要以适用于原始大脑理解的方式传递这些信息。关于如何将说服效果最大化，神经地图给出了传递方式的基本框架。我们接下来要讨论两个重要概念：说服元素（persuasion element）和说服催化剂（persuasion catalyst）。

6 个说服元素

说服元素是你向客户传递的信息的基本组成部分（见图 8-1）。

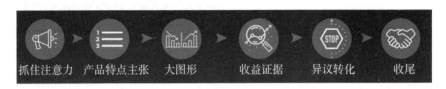

抓住注意力　产品特点主张　大图形　收益证据　异议转化　收尾

图 8-1　6 个说服元素

如果用化学反应的过程类比，说服元素就是信息的不同组成部分，而说服催化剂（见图 8-2）就像酒精灯，它能促进说服元素之间的相互作用，增强说服效果。

用"你"交流　运用反差　多元教学模式

证据可信　激发情感　讲述故事　精简信息

图 8-2　7 个说服催化剂

现在，我们来讨论一下其中的"开胃菜"：第一个说服元素可以帮助你吸引客户的注意力，让他们有兴趣进一步了解你和你的价值主张。

抓住注意力

如果你能从一开始就抓住受众的注意力，给他们带来视觉惊喜，你就能更好地影响他们。

——大卫·奥格威（David Ogilvy），广告专家

无论通过何种方式——广告、邮件、语音邮件、讲座、网站或宣传册，吸引他人注意力都不是一件容易的事，因为你的受众不会愿意接收一条又一条的销售信息。毫无疑问，如果他们当前的注意力在别的事物上，你的目标就只能是尽量吸引他们的注意力，让他们集中精力关注你要传递的信息。

我们在前文对注意力的神经科学进行过讨论，注意力的形成和转移是非常复杂的神经过程，认知神经科学家对此已经进行了多年的研究。人每秒向大脑传递1 100万比特信息，但大脑每秒只能有意识地处理50比特[1]。所以，我们如何集中注意力？我们的大脑如何选择性地关注其中50比特信息呢？

我们可以关注一下英国神经科学家和魔术师达伦·布朗（Derren Brown）所做的实验。在伦敦一条繁忙的街道上扔一只内装300美元现金的钱包，会引起多少人的注意？经过多长时间，人们才能注意到它并把它捡起来？

令人惊讶的是，如果在钱包周围画一个黄色的圆圈，人们在几小时内都不会注意到这个钱包——路人对此视而不见。如果没有这个圆圈，这个钱包在几秒之内就会被捡起来。这个实验说明，这个圆圈向人们的原始大脑传达了一条信息：其中必有古怪。为此，理性大脑就会否认钱包的存在。这个实验后来在全球其他城市重复进行，得到了相同的结果。这与英国人固有的思维方式毫无关系。

同样，分别来自哈佛大学和伊利诺伊大学的心理学家与认知科学家查布里斯（Chabris）和西蒙斯（Simons）也揭示了改变盲视与非注意盲视的惊人影响[2]。

他们开展了一项著名的实验，并为此赢得搞笑诺贝尔奖①。他们证实，通常人们在日常生活场景中注意不到意外刺激。

试想一下，如果这个"意外刺激"是你的网站、你的营销活动、你的宣传册、你的商业展位或是你的 PPT 演示呢？每当你想传递一条信息，你该怎样确保成功抓住受众的注意力？也许你会认为在给他们一个塞满现金的钱包，但你如何确保他们能看到呢？你如何确保传达的复杂且与受众关系不大的信息能触发受众的非注意盲视呢？信息过长、文本过多或缺乏情感，都会导致传达的信息被受众彻底忽略。想传达的信息因为不易于被受众的原始大脑接收而无法被注意，这样的情况实在太多了。

作为马克斯·普朗克（Max Planck）大脑研究所的主管，神经生物学家沃尔夫·辛格（Wolf Singer）表示："初始注意力可以确保大脑快速处理信息并传递处理结果，这意味着大脑皮层网络可以对信息进行有效编程。"[3,4] 这就是记忆力的抓取过程——它能激发受众的初始注意力，这样，剩下的信息就容易被理解了。

即使你能在一开始就抓住受众的注意力，但你能保证他们长时间保持注意力吗？研究者发现，一些位于伏隔核的特殊神经元会触发睡眠，特别是当你面对无聊的信息时[5]。

另外，两名研究者理查德·安德森（Richard Andeson）和詹姆斯·皮赫特（James Pichert）也证实，人们能记住多少信息取决于他们之前接收到多少信息。在一项经典实验中，被试被要求从窃贼和买房者这两个不同的视角阅读一段关于一间住宅的故事。结果显示，他们对于故事的记忆并不准确，且明显受到先前指定角色的影响[6,7]。

---

① Ig Noble Prize，一个与诺贝尔奖相似的奖项，每年授予那些在科学研究领域中取得古怪研究成果的人。

在目标受众决定打开你的电子邮件、阅读你的宣传册或注意你的演示文稿之前，你需要激励他们，影响他们的关注目标。你还需要让他们准备好，记住你传递的信息中对他们来说重要的内容。把"抓住注意力"想象成一种简短、高度浓缩但又令人兴奋的劝说方法——告诉受众为什么他们应该停下正在做的事，停止正在思考的事，立即把精力集中在你的信息上。

试想一下，如果你正在出售一座金矿，那么抓住客户注意力的最佳方式就是把最大的金块放在他们面前。你的目标就是让客户马上理解你的价值主张，抓住原始大脑对直接经验或永久经验的注意力。

通常，平面广告是抓住注意力的好方法。广告商试图让你停止翻页，投入几秒宝贵的时间去注意他们的广告。但让你停下来的是广告的视觉效果，绝非文字。要理解抓住注意力的概念，请先回想一下我们平时使用 PowerPoint、Keynote 或类似工具进行演示的情景。请记住，抓住注意力的概念适用于所有形式的交流。

回想你上次用幻灯片做销售演示时的情景。可能当时你以如下主题开始演讲。

（1）公司的概况。

（2）你的计划。

（3）你的个人背景。

（4）公司的产品或服务的描述。

你认为这些信息是否足够吸引人？是否足以让受众停止思考原来关注的事，并将注意力集中在你身上？你有没有意识到你正在一个塞满现金的钱包周围画圈？千万不要这么做，你应该学会把金块扔到他们面前！

如何给人留下深刻的第一印象？如何瞬间抓住受众的注意力，让他们立即了解你的解决方案、产品或想法能带给他们什么？我们之前讨论过抓住注意力的重要性：首因效应。演讲的第一分钟、电子邮件的第一行（主题行）、网站登录页面或语音邮件的第一句话都需要以抓住客户的注意力为目标。这就是为什么你需要一个能抓住注意力的想法！通过它，你就能吸引客户的注意力，让他们将有限、有意识的注意力（每秒 50 比特）集中到你传递的信息上。

我们将讨论 5 种不同类型的注意力抓住方式。请注意，通过整合它们并结合合适的创意，你能想出更多点子。所有抓住注意力的方式都可以用于面对面交流，其中一些还可以用于视频、网页、电子邮件、语音邮件、平面广告以及邮寄广告。

（1）**道具**：使用一个具体事物来隐喻你的价值主张。

（2）**迷你剧**：让潜在客户的大脑重新体验没有采用你的产品、解决方案或想法时，他们遭受的痛苦或挫折。然后，将这种消极体验与你的产品或解决方案将带给他们的轻松变化进行比较。

（3）**文字游戏**：找到合适的词语表达你的价值主张，力求做到给人惊喜、使人信服。

（4）**反问**：问一些问题，迫使受众去想象你的产品或解决方案能提供的收益。

（5）**故事**：以叙述故事的方式将你的产品中的一个或多个收益呈现出来，会让受众更信服。

道具

让我们来认识一下位于俄勒冈州尤金市的健康与安全研究所（HSI）。这家研究所为卫生专业人员、急救人员以及自家员工提供关于心肺复苏、急救和高级急救护理方面的高质量培训材料、课程和项目（见图 8-3）。2011 年，研究所 CEO 兼总裁比尔·克莱德内请销售脑公司帮助完善其产品特点主张。在为期两天的神经地图研讨会上，执行团队快速确立了HSI产品最突出的特点，这些特点让培训师的生活变得轻松，因此吸引了数千名培训师购买HSI的产品。比尔和他手下的12位经理制定了这样的广告词：让你的员工轻松，让你的企业轻松，让你自己轻松。

让你的员工轻松　　　　　让你的企业轻松　　　　　让你自己轻松

图 8-3　HSI 的产品特点主张

2015年，在为期两天的年度用户大会"高峰连接"（Summit Connect）上，比尔做了一场演讲，在场300多名培训师都渴望深入了解HSI。作为出色的主持人，比尔首先感谢观众在百忙之中抽出时间来听他的演讲，随后他切入主题。比尔说："在接下来的两天里，你会发现我们的课程让你的生活变得多么轻松。我们的目标是示范如何通过与HSI合作，让你的员工轻松，让你的企业轻松，让你自己轻松。正如你所了解的，我们的目标就是让你的工作变得轻松。你应该做好准备，在接下来的48小时里，你将无数次听到'轻松'这个词。"然后，比尔继续说："现在，我想让你们把手伸到座位下面。"迷惑不解的听众们弯下身，发现座位下面有一个奇怪的东西。当人们打开包装时，大会议厅里回响起金属质感的声音："太轻松了！"因为每个人都收到了史泰博公司（Staples）的明星产品"轻松按钮"（见图8-4），300多人一起疯狂地按这个按钮。

你可以想象，轻松按钮成为会议的焦点，所有听众都听到上千遍"轻松"这个词。后来比尔报告说："我们的执行团队以'轻松'为核心特点设计了我们的产品，这是公司历史上的一个转折点。它给我们带来了未来的愿景和明确的目标。在轻松按钮的帮助下，我们把该产品具体化。结果，我们的业务在过去 4 年里一直以每年超过 21% 的速度增长。在一个平淡无奇的行业，我们获得了更大的市场份额，这让我特别开心！"

图 8-4 轻松按钮

很明显，比尔获得成功的原因不仅仅是使用了轻松按钮，更重要的是这个道具对 HSI 产品的改进发挥了重要的推动作用，同时也完成了一次成功的宣传。

其他使用道具的有力例子还包括比尔·盖茨在做消除疟疾的 TED 演讲时放出过一罐蚊子[8]。

还有，当史蒂夫·乔布斯推出 MacBook Air 时。为了展示这款笔记本电脑的超薄外观，他将电脑装在了一个信封里。

道具是如何产生这样的效果的呢？为什么道具对受众的原始大脑产生的影响如此积极、强烈且令人难忘呢？神经地图推断，之所以取得如此效果，是因为道具会触发视觉上的刺激，而且这种刺激非常真切。更多的证据也证明了道具的神奇力量。

道具的科学原理

哈佛大学教育学院的行为科学家托德·罗杰斯（Todd Rogers）进行了一系列实验，测试什么因素能帮助记忆。罗杰斯证明，实体物体比书面或电子提醒更能激发人的记忆。例如，给你的手帕打个结比在你的智能手机上写个便条更有效[9]。

威斯康星大学的玛丽·斯塔德勒（Marie Stadler）也研究了道具对儿童记忆故事的能力的影响[10]。研究结果表明，对物理道具的操作有助于孩子更好地记忆故事，从而在复述故事时能够使用更多描述性词句。

达特茅斯大学的神经科学家托德·C. 汉迪（Todd C. Handy）博士说："螺丝刀、方向盘、咖啡杯、食物、闪烁的灯光和性感的身体一样，可以成为神经学意义上吸引注意力的工具。这些工具可以自动吸引我们的注意力。"[11]汉迪的研究小组招募了一群大学生，通过分析他们的脑电图确定哪些大脑神经活动影响人们的注意力。他们让学生快速浏览一些图片，每张图片上并排排列着一个可抓取的物体（如螺丝刀或杯子）和一个不可抓取的物体（太阳或帆船）。在瞬间展示之后，将灯光打在两个物体中的一个上。汉迪的团队从脑电图中发现，当闪光打在可抓取的物体上时，被试对可抓取物体的大脑反应总是比不可抓取物体的反应要强烈，这表明被试的注意力在闪光开始之前就已经自动聚焦在可抓取的物体上了。换句话说，螺丝刀或杯子已经成为"关注焦点"。汉迪还提出，这些研究发现告诉我们，事实上，能够吸引我们注意力的是可抓取的物体。这种受吸引方式类似于我们的大脑对性刺激、危险信号、食物和其他重要刺激的反应。

使用道具的实例

Vistage 是全球最大的 CEO 会员组织，拥有超过 20 000 名 CEO 会员。自2003 年以来，克里斯托弗和我针对全球的 Vistage 会员已经举办了 1 000 多场关于神经营销的演讲。由于 CEO 会员对我们的主题充满热情，也从神经地图中获得了有价值的信息，Vistage 在 2008 年向我们颁发了"超越"（Above and Beyond）演讲奖。Vistage 的 CEO 会员们每月组织 15 人的培训会议，会议由Vistage 的一名董事（通常是 CEO 或高管）主持并提供指导。董事的职责是帮助CEO 会员成为更好的领导者、做出更好的决策、取得更好的成效——这句广告词正是在销售脑公司的帮助下制定的。实际上，Vistage 是一个领导者帮助其他领导者的组织。潜在的 CEO 成员并不完全能理解加入 Vistage 的价值，所以我们建议 Vistage 的董事们使用一组道具来阐述他们的价值主张。他们有几个关键道具：哨子，象征着他们作为执行指导者和策略协助者的独特角色；除此之外，还有一个小温度计、一面镜子、一个指南针和一个放大镜（见图 8-5）。有了这几个道具，董事就能很轻易地向潜在成员解释 Vistage 的价值主张，一旦一位 CEO 确定了他的方向（指南针），他的同伴可以帮助他找到应该关注的策略（放大镜）以及会阻碍他达到目标（镜子）的因素。温度计数据代表 CEO 每月与团队分享的业务指标跟踪数据，而这个哨子被董事用来提醒 CEO，他们必须对自己和团队成员做出的承诺负责。

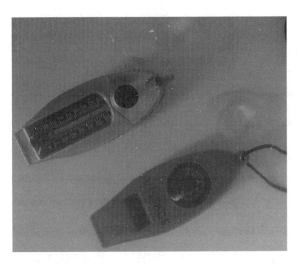

图 8-5　Vistage 道具

时任 Vistage 首席运营官的丹·巴尼特（Dan Barnett）表示："一套共同、清晰、一致的主张，确实对包括主席和演讲者在内的会员群体理解 Vistage 的独特价值主张提供了很大的帮助。当我们开始使用道具时，更好的领导者、更好的决策、更好的成效这三个概念浮现。有抱负的董事、潜在会员也很快明白了他们应该花时间、金钱和精力与我们合作——这也使我们的业务有了显著的改善。"

假如你的价值主张与金钱有关，如果想证明客户会获得经济利益，那么使用现金（或零钱）可能会非常有效。玛丽·C.（Vistage 会员兼一家收藏公司的CEO）在参加了一次 Vistage 研讨会并了解使用道具的影响之后，给她的小组成员发了一封电子邮件。

来自：玛丽·C.

发送日期：2005 年 11 月 2 日，星期三

主题：你们可能会认为我疯了，但我成功了！

　　仅供参考——今天上午我与一位客户开会，大约两年前，这位客户公司的CFO 换人了，因而我输给一个对手。我们之前与这位客户合作得很愉快，他能给我们带来很多利润，只是因为我们没有与新任 CFO 建立联系，就失去了他。在打了 18 个月的电话后，我们终于获得了与他见面的机会。我们只有这一次机会，因为他已经厌烦了接我们的电话。走出帕特里克·任瓦茨的办公室的时候，我带上 111 476 美元的现金，那是我们 2004 年从他那里筹到的数目（我并不是完全确定我会把钱取出来，因为我个人认为这种做法会让人难堪，甚至可能令人生厌）。会议一开始进行得很顺利，但我不会只说一声"谢谢"就离开。我要告诉他，像他这样的客户对我们来说非常重要，然后我打开了公文包……他惊呆了。合同在 15 分钟后签好了，两周后我们收到了他的钱。"从来没有人做这样的事情来引起我的注意。"后来，他说他相信他对我们非常重要。因为我们努力把"证据"带给他，让他切实"看到钱"。我没有被"抢劫"，钱还在银行里。

　　简直难以置信！

　　我必须和你们分享这件事，因为我从没想过这种方法会成功！

玛丽

还记得我们在产品特点主张部分中提到了 CodeBlue 吗？他们使用了以下三句广告词：

- 无与伦比的速度；
- 无与伦比的科学性；
- 无与伦比的服务。

通过与销售脑公司合作，CEO 保罗·格罗斯确信，使用道具能有效地抓住他人的注意力。后来，保罗说："我们开展过的最有效的活动之一就是使用道具，道具是一盒垃圾。我们把它送到了美国顶级的保险公司，盒子里装了一些因浸水而损坏的建筑材料，有墙板、地毯和木材。后来，它的确引起了许多高级理赔经理的注意，我们的业务也因此得以蓬勃发展。"

关于使用道具的要点

- 受众可能记不住你讲的大部分内容，但他们会记住你的道具。在一个关于成瘾行为的研讨会上拿出一瓶葡萄酒，听众可能给你嘘声，也可能为你起立鼓掌。这取决于受众的痛苦程度以及道具的相关性和独创性。所以使用它之前，你需要进行测试。
- 你应该学习操控道具。不要毫无目的地拿着它。学会用道具讲故事。注意一下，史蒂夫·乔布斯是如何小心翼翼地拿着信封，慢慢地从里面掏出 MacBook Air 的！
- 道具是展示你价值主张最好的隐喻。比如，对史蒂夫·乔布斯来说，信封象征着超薄。

迷你剧

2003 年，当硅谷的一家电信通信公司 Stratex（现在属于 Aviat Networks 公司）

联系销售脑公司时，它已经是全球最大的电信运营商之一的供应商了。但就在那一年，它的客户决定创建一个单一采购中心，并启动了一个全球筛选流程，将硬件供应商从 12 家减少到 3 家，最终目标是为它的 25 家子公司获得更低价的产品。当时，这个机会既令人兴奋，因为它可以提升销售额，但也存在风险，它可能会失去与一些国际子公司的合作机会和可能获得的收入。此外，Stratex 需要投入大量的时间、金钱、精力和资源来回应复杂的提案请求，而且考虑到比其他竞标者规模小，它认为要赢得 3 个供应商中的一个席位的可能性非常低。竞争对手包括爱立信、阿尔卡特、NEC、西门子、朗讯、马可尼等大型电信公司。

Stratex 欧洲业务主管帕特里克·马蒂尼（Patrick Martini）讲述了销售脑公司如何帮助他们用迷你剧影响受众的原始大脑，并在聚光灯下赢得一席之地的。

我们做的第一件事是收集大量的信息，了解决策人的痛点。通过初步评估，我们了解到我们在 12 家供应商中排第 8 位，想进入前 3 名还有相当长的一段距离，这样是不可能争取到那个令人垂涎的全球采购合同的！那时，我们估计获胜概率大约是 5%，因为影响供应商选择的一个关键环节是给采购委员会（由来自 24 个国家及地区的 30 名采购专家组成）做一次正式的陈述。我们认为这是抓住采购委员会注意力的最好机会，而提高我们获胜概率的最好方式则是表演一段迷你剧。采购委员会要在他们的总部停留整整两天，届时，8 个预先选定的供应商分别有 2 小时进行陈述。我们的陈述安排在第二天午饭后，那时委员会已经听完了前 6 家供应商的陈述。不用说，他们已经听厌了那些技术性强且无趣的介绍。要想重新抓住他们的注意力，系列迷你剧是一个不错的选择，这正好能契合他们当下的痛点。我们是这样做的：在最初的 2 分钟里，我们进行了一段冗长、枯燥、技术性很强的陈述。委员会的几个成员都心不在焉，禁不住打哈欠。然后，我们的市场部副总裁突然大声打断了我们的陈述，这创造了一个让人关注的焦点时刻，帮助我们重新获得他们的注意，让他们准备好接收我们精心设计的信息。

这是我们根据之前几个月的诊断结果，从他们的痛点中总结出来的，也得到过他们的确认。

（1）他们想选择一个专注于为无线领域顶级客户提供服务的合作伙伴。

（2）他们不想承担与一个无法百分之百专注于无线技术的供应商合作的风险。

（3）他们需要在不降低技术和客户服务的前提下降低成本。

我们问他们是否想听听，相比于其他供应商，我们如何能够更好地帮助他们。我们使用的 3 个词是：创造愉悦（在客户满意度方面）、降低风险、降低成本。这些都是我们精心制定的产品特点主张，我们还为其设计了图标（见图 8-6）。

图 8-6　Stratex 的产品特点主张

我们对这三部分的介绍只持续了 1 小时 15 分钟，其中一个迷你剧演示了我们是提供降低风险的最佳选择，我们展示了自身的经济实力、持续创新、多个生产地点、优秀的安装服务，还强调即便在最危险的国家也是如此。为了进一步吸引他们的注意，证明我们是他们唯一零风险的合作伙伴，我们决定使用销售副总裁海因茨·斯顿普（Heinz Stumpe）的技能。海因茨获得过全国空手道冠军，他曾在世界锦标赛上代表德国队比赛。海因茨向采购委员会讲述了以下故事。

"几年前，美国一所非常著名的空手道学校给我颁发黑带奖。仪式结束后，一位新获授黑带的年轻人对我说：'我也有一条黑带，就像你们一样……所以我们的水平一样！'我感到有点被嘲笑了。于是，我提议让他先打碎一块砖，因为这是衡量一个空手道黑带选手水平的常见做法……随后，我增加了难度：我让他做一个'2英寸①击打'，他必须把他的手放在离砖只有2英寸的地方。那位年轻人试图那样打碎砖头，结果他的拳头受伤了。最后，他抗议说这是不可能的。"

就在这时，海因茨从公文包里拿出一块真正的砖，放在采购委员会面前，砰的一声，他用一个"2英寸击打"打碎了砖。他那一拳打得特别响，所有与会者都从座位上跳了起来。海因茨引起了他们的注意，这时他说出了自己的金句："拥有黑带，并不代表你能像黑带冠军那样表现出色。在这个练习中，你需要完全集中精力，确保不会伤到自己。同样，因为我们百分之百专注于微波技术，所以这对你们的业务来说，我们的服务是最好的保障。我们是你最好的选择，因为我们能创造愉悦、降低风险、降低成本。"

当我们结束演讲时，采购委员会认定我们比他们更能理解他们的痛点，而且在他们看到的所有陈述方中，我们是他们唯一希望持续合作的。一句话：经过几个月的艰苦谈判，运营商宣布我们赢得了三个席位中的一个，这为我们公司在接下来的5年里创造了1.5亿美元的收入。他们直到今天还记得我们的陈述，那些迷你剧确实帮助我们完成了交易。

---

① 1英寸≈2.54厘米。——编者注

大多数人认为，B2B 销售信息必须以理性、传统的方式传达，陈述的基本载体是幻灯片。然而，大多数幻灯片根本无法吸引观众的注意力。为什么？因为幻灯片的内容很少涉及观众最在意的痛点，更没有明确的产品特点主张，也无法证明消费者会获得足够的收益。相比之下，研究人员发现："当我们成功呈现一个论据时，受众会权衡证据，然后信服。"当迷你剧获得成功时，观众们会沉浸在故事中，体验角色的忧虑和感受。[12]

下面介绍其他迷你剧的实例。

2007 年 6 月 29 日，当史蒂夫·乔布斯推出第一部 iPhone 时，他使用了一部迷你剧来演示这种手机是如何执行复杂的操作的，过去，这些操作通常需要多个步骤和大量点击。乔布斯展示了 iPhone 如何轻松地完成这些复杂的任务，比如只需一次简单的点击就可以召开三方电话会议。

让我再给你们讲一个迷你剧的故事，2001 年我受邀在韩国首尔的 Linux 用户大会上做主题演讲。

此次活动有 3 000 多名 IT 高管参加，目的是展示 Linux 及其在开发软件上开源方式的好处。在一个由微软掌控的世界里，Linux 承诺将用户从依赖单一供货商的枷锁中解放出来。会议的开场就像是在举办一场流行音乐会，在一片漆黑中，会场中大声播放着平克·弗洛伊德（Pink Floyd）的《迷墙》（*The Wall*）。当灯光亮起时，观众发现一堵巨大的墙占据了大半个舞台。墙是用木砖砌成的，墙的中间画着四个大正方形，颜色分别为橙色、绿色、黄色和蓝色。微软的名字并没有被展示出来，甚至没有被提到，但所有与会者都明白那个"墙"指的是谁。

这个时候，第一部迷你剧开始了。

Linux One 的首席执行官金宇进（U-Jin Kim）和 20 多名员工一起走上了舞台。他们穿着制服，伴随音乐模仿着阅兵仪式的行进步伐，这种怪异行为让我们想起了《迷墙》的 MV。金宇进肩上扛着一个大锤，突然，他开始用大锤敲打墙。很快，其他员工加入行动，一起兴奋地摧毁了这堵墙。当台上的 20 个人脱下夹克，露出写着 "Linux 打破墙" 的 T 恤时，这段开场白的妙处就体现出来了：要打破对微软的依赖。

大约 15 分钟后，在金宇进的欢迎致辞结束后，我被邀请上台代表 LinuxCare 发表演讲。我一开始用传统的方式，即用一系列幻灯片进行演示，这显然不能吸引会场内成千上万潜在客户的注意。突然，当我点击下一张幻灯片时，计算机显示蓝屏：它死机了，屏幕上显示的信息是 "检测到致命错误"。这让我倍加尴尬，因为我的演示不仅被这个故障打断，而且暴露了我在使用需要在 Windows 操作系统上才能运行的 PowerPoint——这是在 Linux 会议上犯下的不可饶恕的错误！

我看上去既尴尬又惊慌，花了几秒时间和一位负责修理工作的助手交谈。这几秒让我感觉异常漫长，最后我说："下一张幻灯片。"但怎么能显示下一张幻灯片呢？大家都知道重启需要几分钟的时间。令观众非常吃惊的是，屏幕上立即出现了下一张幻灯片，上面写着："它没有崩溃：因为 Linux。"我制作了一张假的幻灯片，上面显示了当时 "著名的" 微软的错误提示信息："检测到致命错误。"所以，当我要求看下一张幻灯片时，页面立即跳转了。这突出了 Linux 操作系统的一个主要优点：相对于 Windows，它更稳定。观众立刻明白了这一点，所有人都松了一口气。会议结束后，超过 300 人排队等着抢我的名片，这无疑表明我的信息击中了问题的要害。

关于迷你剧的要点

- 不同类型抓住注意力的方法中，迷你剧无疑是最有效的，但也是最难实现的。

- 迷你剧能帮助观众体验某种情绪，它们对原始大脑有直接的影响，这远胜于任何幻灯片！

- 制作一部迷你剧需要注意细节并提前排练，否则很容易失败。想象一下，当乔布斯试图将一个双方通话扩展为三方通话时，系统没有正常工作会造成什么后果。在新产品发布的案例上，失败的迷你剧或现场展示的例子不胜枚举。

- 你应该进行排练，直到拥有百分之百的信心，这样你就能取得理想的效果。这意味着你的迷你剧像戏剧或电影一样，需要剧本。展示迷你剧时，你需要把它想象成一场表演：这不再是一场商业展示，而是一场舞台剧表演。你的目标是让观众体验一种情绪，你只有全身心投入才能实现。你没有办法假装投入，如果观众不喜欢你的解决方案，你要用语言、语调、面部表情帮助观众重温痛苦的经历或消极的情绪，然后展示你提供的解决方案，帮助他们的大脑感受积极的情绪。

- 迷你剧可以是独幕的。在这种情况下，迷你剧通常要围绕客户的痛苦展开；也可以有第二幕，展示客户的痛苦如何得到缓解。迷你剧经常出现在美国最大的电视购物公司 QVC 的电视广告中，以突出对比效果：想象一下那些试图向你推销磨刀器的主持人。首先，他们向你展示，用一把钝刀切一个熟透的西红柿，西红柿被碾碎（**第一幕：痛苦**），然后他们把刀磨快，就很轻松地切开了一个熟透的西红柿（**第二幕：痛苦得到缓解**）。

- 最好在观众面前现场表演迷你剧。可以只邀请一个主持人进行独白，也可以邀请几个人，就像史蒂夫·乔布斯演示最新发布的 iPhone 那样。如果你不喜欢现场的迷你剧表演，还可以预先拍摄下来，然后将其制作成简短的视频给观众播放。

- 有时候，一张图片也可以代表一部迷你剧。

故事

故事的最后才是最重要的。要不可预测、要真实、要有趣。讲一个好故事非常重要。

——詹姆斯·达什纳（James Dashner），美国作家

在经验层面，每一本销售手册都将故事描述为一种有效的技巧，可以用来建立融洽的关系，帮助说服客户。在科学层面，故事成了心理学家、哲学家、教育家、历史学家和新近加入的神经科学家们讨论的丰富主题。故事的作用在研究文献中被描述为"叙事传输"（narrative transportation）——听者在精神上被"传输"进入故事中的世界。

南加州大学神经科学系主任安东尼奥·达马西奥用文字很好地描述了这一观点："故事，就是关于让智慧被理解、被传播，让它具有说服力、执行力的问题。总之，故事就是让问题直指人心，然后找到解决方案。故事就是那个解决方案，讲故事就是大脑接受的、自然的、内在的信息传递方式。它贯穿于人类社会和文化的整个结构之中。"[13]

在《讲故事的动物》（*The Storytelling Animal*）一书中，作者乔纳森·歌德夏（Jonathan Gottschall）利用神经科学、心理学和进化生物学解释了故事是如何通过发挥生物学功能鼓励亲社会行为的，而亲社会行为又是生存的一个重要组成部分[14]。我们从小到大听到的故事教给我们世界的运作原理，模拟了不同决策产生的不同结果。在不需要冒险和花费体力的情况下，故事让我们可以通过大脑体验不同的场景。

回想一下谁给你讲过故事：你的父母、祖父母、老师和朋友。这些人有什么共同点？他们都很关心你。我们很少给我们不喜欢的人讲故事，所以当你说"让我给你讲个故事"时，你的潜台词是"我关心你"。

故事有着非凡的效果，因为它向听者的原始大脑传输了一个假想的世界。在

这个世界里，他或她相信故事是真的。你有没有注意到，用一个可怕的故事吓唬小孩子有多么容易？为什么故事会对孩子产生这么大的影响？那是因为，如果故事讲述得恰当，人们的原始大脑会相信那是真的。而孩子们的理性大脑还没有学会核实事实。原始大脑的即时反应驱动着人们的情感，让我们沉浸在故事中，就像故事真的发生了一样。

告诉你的一位朋友或亲戚以下这则故事。

让他们在脑海中想象一个明亮、黄色、多汁的柠檬就在他们面前。让他们闭上眼睛，想象他们用一把锋利的刀把柠檬切成两半。闭上眼睛，让他们切下 1/4 英寸厚的柠檬片，再把柠檬切片放在鼻子底下，享受柠檬那令人兴奋的香味。接下来，让他们把那片柠檬放在嘴唇之间，咬一口柠檬。酸甜的柠檬汁到达他们的舌尖和牙齿后，创造了一种感官上的愉悦，充满整个上腭和鼻子。在这时，停下来，询问他们口腔里有什么反应。如果他们把注意力集中在你的柠檬故事上，就会不自觉地流口水。为什么？因为他们的原始大脑认为他们嘴里有柠檬，需要把柠檬汁和唾液混合起来！理性大脑认为，这是否真实并不重要，叙述的方式使它变得如此真实，以至于我们无法否认柠檬汁的真实存在。事实上，由于你自己的镜像神经元（mirror neuron）发挥作用，阅读这个故事可能足以触发你的唾液分泌！

故事的科学原理

关于故事对大脑的影响有大量的学术研究，以至于一些研究人员发现进行相关的荟萃分析也很有价值。故事的结论很清楚：故事可以帮助你说服别人。在一篇名为"扩展传输意象模型（ETIM）：消费者叙事传输的前因后果的荟萃分析"的论文中，作者分析了 76 篇已发表的关于叙事传输的文章[15]。他们创造了"叙事说服"（narrative persuasion）一词来描述故事的听众如何经历一种心理转变，这种转变对人的影响可能非常大且持续很长时间，甚至会改变他们的观点或信仰。论文的主要结论包括：

- 叙事传输会对听众产生情感控制；

- 越是非商业化的故事，叙事传输的效果越好；

- 年幼的儿童（8岁以下）更容易受到叙事传输的影响，因为他们还没有判断故事是否存在欺骗的能力。

总之，这项复杂的研究发现：故事有能力重塑听者的信念和行为，因为故事"愚弄"了听众的原始大脑，使其相信故事是真实的。讲述故事典型的做法就是将听众置于场景之中。

故事之所以有效，是因为这种观念形式通过传输听众的想法，创造了一种仿真体验。讲一个故事就像告诉听众，他们嘴里真的含了一片柠檬——他们的原始大脑会相信的！

讲好故事的秘诀是什么？想讲好故事的人需要创造视觉、听觉、动觉（运动感知），可能还有味觉和嗅觉方面的线索，让听众的原始大脑相信故事真的发生在他们身上。

讲故事的诀窍

- 关键在于妙语。一个没有妙语的故事是没有说服力的。更糟糕的是，这会让你看起来像一个差劲的演讲者，缺乏个人感召力。从一开始就要牢记：明确你的沟通目标是什么，你的妙语是什么。然后寻找一个故事，最好能导向你的妙语。

- 学习如何有效地讲故事。你需要建构有足够多细节的场景，细节使故事更加可信。如果你的叙事可以调动听众不同的感官，这些细节就具备了最好的传输效果，让听众身临其境。

  ○ "当你看见太阳刚刚升到沙丘顶上"：动词"看见"和名词"太阳"触发的是听众的视觉。

  ○ "一路呼喊着可怕的战斗口号"：触发的是听众的听觉。

- "气温再次攀升至100多华氏度①"：触发的是听众的触觉。

- "你的嘴里都是沙子"：触发的是听众的味觉。

- "硝烟和血腥味"：触发的是听众的嗅觉。

- 确保你的听众百分之百关注你。记住，你的目标是制造叙事传输的效果，所以你要确保整体环境有利于深度聆听：没有噪声或其他干扰，没有任何能转移听众注意力的事物。你可以观察一下电影院是如何过滤外界噪声和光线，并提醒观众关掉手机的，没有什么比手机铃声更能抑制叙事传输了。

- 用你的语言、语调和肢体语言大胆地表现自信与激情。不要犹豫，使用道具让故事更加视觉化。一些故事中，"你"这个词被反复使用，将听众引入故事中。记住，有效的故事传达的是情感，而不仅仅是事实。让你的观众哭或笑，确保他们体验到强烈的情感。不要只是讲故事，把你的故事表演出来！

- 如果你没有表演天赋，那么讲一个你亲身经历的故事。这样你的潜意识（原始大脑）不需要对故事进行任何转化、扭曲或编造就可以讲出故事，这会提高你的故事讲述效果。

- 客户故事是价值的最佳证明，当目标是展示收益时，你应该使用它。然而，当你需要真正的叙事传输时，用一个与你的业务无关的故事来说服别人会更有效。请注意，当被说服者不知道说服者的意图时，说服的效果更好。正如之前的研究人员所说："故事越是非商业化，叙事传输的效果就越好。"[16]

- 练习讲故事。通过这种方法，你能判断你的妙语是否有效，以及你所描绘的细节是否足以让故事可信。请一些人试听，确认你的故事是否适合

---

① 100华氏度≈37.8摄氏度。

你的听众。在癌症会议上讲关于香烟的故事，听众给你起立鼓掌还是给你嘘声，这一切要视具体情况而定！你练习故事讲述的次数越多，你就越能表现出一些有价值的细节，你描绘的画面就会更加生动、可信。另外，注意这些词句中视觉线索的用法，因为原始大脑是高度视觉化的。

- 在书籍中寻找适合商业宣传的好故事。
- 用一个故事来做自我介绍。不要用传统的方式——这通常很无聊。给你的观众讲一则关于你自己的好故事，这会唤起人们的注意力，他们会期待你给他们带来一些独特的东西。更好的办法是，让别人讲述你的故事，这将进一步提升你的可信度。

讲故事的禁忌

- 故事不要太长。比一个冗长的故事更糟糕的是全文没有一句点睛的金句！
- 不要过于突兀地使用与世俗观点相悖的故事，这会影响叙事传输效果。

关于讲故事的要点

故事是极其有效、不可或缺的说服工具。有影响力的说服者总是会在他的陈述中讲述一个或几个故事。为了吸引听众的注意力，你可以在演讲开始或中间的任何时间讲个故事。你要对好故事进行细致的研究，以确定最合适的叙事方式、技巧及最佳传达方式，并用这种方式传达。当你说出那句妙语时，就能达到预期的说服效果。本章关于说服催化剂的内容中，我们将介绍个人感召力如何帮助你成为一名优秀的故事讲述者。

文字游戏

作者必须把最常用、最熟悉的对象——名词、代词、动词、副词，组合在一起，让文字跳舞。

——玛娅·安吉罗（Maya Angelou），美国诗人、作家、教育家

艾伯特·梅拉比安（Albert Mehrabian）等研究人员发现，与具体内容相比，说话的方式有着更大的影响力[17]。虽然原始大脑天生对文字不敏感。但我们还是想推荐一些专门围绕文字的技巧。毕竟，正如美国记者拉塞尔·贝克（Russell Baker）所说："当你写作时，你会在读者的脑海中发出声音。有时，它是一种沉闷的喃喃自语——这就是为什么政府文件让你昏昏欲睡；有时，它又是一种快乐的声音、一阵狡黠的低语、一种激情的悸动。"

加州大学伯克利分校的神经科学家亚历山大·胡思（Alexander Huth）建立了一个人类大脑的符号图谱。他和同事根据文字的语义绘制出了 985 个普通英语单词对应的大脑区域[18]。他们发现人类大脑的符号图谱高度相似。例如，在大脑左侧的耳朵上方，有一小块区域代表"受害者"（victim）这个词，同一区域对"被杀死"（killed）、"被判有罪"（convicted）、"被谋杀"（murdered）和"认罪"（confessed）亦会做出反应。在大脑的右上方靠近头顶处，有一块围绕家庭生活的区域，这块区域会对"妻子"（wife）、"丈夫"（husband）、"孩子"（children）、"父母"（parents）等词做出反应。这表明，一些单词虽然会对不同人产生不同的影响，但总体上的影响相当一致。

我们建议的第一个使用文字来吸引观众注意力的技巧是列出四五个单词或短语并把它们连接在一起。例如，假设你正在销售一款网络安全软件，而你的目标听众是一位首席信息官（CIO）。下面我们将展示如何通过文字游戏吸引观众的注意力。

首先在纸板上或通过幻灯片列出以下 5 个概念，然后问"下列事物有什么共同点"。

- 一位神经外科医生；

- 中央银行；

- 一位飞行员；

- 一位核科学家；

- 一位 CIO。

给你的听众 20~30 秒的时间去想可能的答案，然后说出你的妙语："在提供服务的过程中，他们都依赖安全可靠的解决方案。"

请注意，在你说出这句妙语之后，你的听众将有一个短暂的顿悟时刻，他们会从仅仅思考为什么安全性是重要的，转向思考为什么安全性对他们来说如此重要。

研究人员确定，这种顿悟时刻（也称为"啊哈"时刻）的出现具备以下 4 个特征：

- 突然冒出来；

- 水到渠成地引出问题的解决方案；

- 触发积极的影响；

- 听众相信解决方案是正确的。

心理学教授斯特兰·奥尔松（Stellan Ohlsson）认为，一个难题会在一开始驱动大脑的潜意识处理过程（原始大脑的领域），从而改变问题的心理表征，并导致一个新的解决方案出现[19]。这样一连串的事件会产生一个愉快的时刻。范德比尔特大学的奥布勒（Auble）和弗兰克斯（Franks）研究了"努力理解"（effort toward comprehension）的效果，并确定顿悟时刻会产生更多的回忆[20]。

第二种使用文字来吸引观众注意力的技巧是创造一组能产生不同寻常或多重含义的词语组合。这里有一些很好的例子。

- 富国银行（Wells Fargo）的"更多银行，更多方便"（More bank for your

buck）。

- 慧俪轻体（Weight Watchers）的"怎么可能超重"（Why Weight）。

- 美国广播公司（ABC）的"我们抢先报道了消息，但这正是我们存在的意义"（If we break the news：blame us！）。①

请注意，当你读到这些宣传口号时，你的大脑就会参与解读，甚至会被吸引几秒的时间。句子的双重意义（也称为双关语）制造了一个短暂的顿悟时刻。

第三种使用文字来吸引观众注意力的技巧是问一个或多个假设性的问题："如果你……"

在咨询了在线支付第一大软件 Bill.com 之后，某公司采取如下的产品特点主张来说服注册会计师们选择他们的解决方案："真正的增长、真正的控制、真正的优势。"为了吸引客户的注意力，销售脑公司建议它们使用一系列"如果你……"的问题。我们建议它们向客户做演示时，在介绍完第一张幻灯片之后，紧接着向客户提出如下问题：

- "如果你能处理 3~4 倍账单呢？"（4 秒停顿）

- "如果你能降低发生欺诈的可能性呢？"（4 秒停顿）

- "如果你能使用一架飞机作为全球服务的基地，那会怎么样呢？"（4 秒停顿）

首先，注意每一个问题是如何按照完全相同的顺序指向它的产品特点主张的。如果你以口头形式使用反问句（而不是在屏幕上显示），4 秒的停顿对于吸引人们的注意力而言是至关重要的。停顿为听众提供了一些时间来思考问题。一

---

① 这里引用的例子原文为英语，使用了谐音、同音等方式来强调产品的特点，中文翻译很难体现其妙处。

个好的说服者会意识到，重要的不是问题本身，而是听的人在回答问题时大脑在思考什么。如果没有足够长时间的停顿，听众将没有足够的时间来思考这个问题，也无法想象这3个问题假设场景能带来的好处。

文字游戏的玩法

- 给听众足够长的时间去理解文字游戏。如果你提出了一个问题，不必担心听众会觉得问题有难度，因为这样听众才会积极地去寻找答案。即使他们没有找到答案，他们仍然会经历一个顿悟时刻。

- 确保你能迅速地回应问题，也就是说，应当毫不犹豫地制造顿悟。不要让听众用计算器去计算问题的答案。

玩文字游戏时的禁忌

- 不要使用没有测试过的文字游戏。人们总以为他们能够有效地使用文字来吸引注意力，结果却经常适得其反。

抓住注意力的要点

无论你要传达的信息是什么性质的，你都需要转移听众当下的注意力，这样人们才会开始把认知能量（cognitive energy）投入你的产品或服务中。要做到这一点，你需要的不仅仅是纯粹的理性信息，还需要一个简短但有着强烈的刺激、饱含情感、具备自我关联性，又能吸引人的信息。简而言之，你需要一个吸引眼球的工具。在你的信息传达到你的潜在客户大脑的那一刻，他们的注意力很可能正集中在其他事情上。

- 他们正在高速公路上开车，回想着他们在办公室度过的糟糕的一天，你却想让他们看看你的广告牌。

- 他们的收件箱里有127封电子邮件，而你想知道他们对你的解决方案的看法。

- 他们在整理收到的普通信件（snail mail），你希望他们能打开你寄去的信件看上一眼——尽管已经是晚上 8 点了，他们还没有喂孩子。

面对这些情况，你要明白以下两点。

- 你需要打断他们当前的思路。
- 在你制造了这种干扰之后，他们需要马上清楚为什么应该关注你的信息，他们需要理解其中的好处。你需要找到一种有效的方法，在几秒内证明他们能得到什么。

只有先抓住听众的注意力，你才有机会！

每一种交流渠道都需要一个注意力捕捉器。

- 关于电子邮件：收件人通常只会看一眼电子邮件的标题或开头的几个词，以此判断是否继续读下去。在只能使用颜色相同、字体相同、字号相同的标题行里，想想你该如何抓住邮件接收者的注意力，避免被他们忽视。
- 关于演示文稿：大多数演讲者会利用演示文稿讲述他们公司的历史、技术、产品、服务和他们的客户。但请记住，原始大脑倾向于接受切身刺激。因此，要用几秒的时间来传达你的价值主张，激励你的听众集中他们的全部注意力听你的介绍。
- 关于语音邮件：使用语音邮件时，你是不是常这样开头："嗨，我叫约翰·史密斯……"许多人会删除那些他们不认识的人发的语音邮件，根本不会去听完整的信息内容！其实，你可以考虑以"如果你……"开始。

因此，如果你想改变沟通的顺序，那么必须打破大多数人目前采用的沟通模式，剔除对他们没有价值的信息。你的沟通要能针对客户的痛点，证明你的解决方案能解决他们的痛点——这样才能抓住他们的注意力。你要确保你使用的方法符合听众的风格和文化习惯，可以利用道具、迷你剧、故事、文字游戏或其他任何你能想到的创造性方式来吸引他们的注意力。

产品特点主张

告诉他们你要告诉他们什么，然后告诉他们你已经告诉了他们什么。

——亚里士多德，古希腊哲学家、科学家

在第六章中，我们介绍了可以说服客户购买你的产品用 3 个重要理由，这是为了满足原始大脑对反差刺激的需求。当你想构建一段有说服力的信息时，最多列出 3 条产品特点主张。你还需要在传递信息的过程中，不断地重复这些特点，向你的听众的大脑重复发出信号，提醒他们解决那些痛苦是多么重要和紧迫。

当观众看到一条信息时，他们的原始大脑首要做的是快速理解信息的相关性和重要性。然而，当演讲者传达信息时，他的目标是双重的：被理解和被记住，而这两个目标有时是相互矛盾的。我们认为，好的产品特点主张能将理解和记忆的效果最大化[21,22]。找出精准、明确的产品特点主张很有挑战性，而将其视觉化更为重要，很少有公司能像销售脑公司这样重视视觉传达。我们的客户明白，只有当产品特点主张与我们所说的"神经元图标"（neuro icon）相匹配时，它们才能充分发挥潜力。"神经元图标"之于产品特点主张，像商标之于品牌。它们为独特的产品增添了视觉标志和情绪标志。斯坦福大学的研究学者艾琳·麦克唐纳（Erin MacDonald）写道："在纯文本中，某些文字的重复会削弱其重要性，而在图像中，强调某一特征反而会增强其重要性。"[23]

产品特点主张实例：枪声探测公司

枪声探测公司（ShotSpotter）是一家为警察提供实时枪声探测的公司，总部位于硅谷。它们的探测工作包括开枪次数、武器类型和精度定位，精度可达到几英尺[①]（见图8-7）。枪声探测公司将扩音器布设在城市或校园各处，实时探测枪声。有近80%的枪击事件没有向紧急服务部门报告而被发现，枪声探测可以检测到以下内容。

探测　　　　　　　保护　　　　　　　连接

图8-7　枪声探测公司的产品特点主张

- **探测**户外枪声（在30~40秒内），并向执法人员发出警报，迅速发送准确位置。这使他们有更大的机会拦截行凶者、协助受害者取得实物证据（枪支弹壳）或寻访目击者。

- **保护**执法人员。因为他们事先收到了警报，所以就能在进入枪击案现场前做好充足的准备；反过来，这也能更好地保护附近的居民。

- **连接**执法部门与当地社区。以前，由于80%的枪支活动没有被报告，因此执法部门没有做出任何反应，导致当地社区居民对执法部门越来越不信任。现在，由于枪声能被及时探测并报告，他们看到了执法机构实施了更好、更快、更有效的干预。枪声探测将社区居民和警察部门连接起来。

我一直在寻找一种有效的方法来升级我们的宣传，以反映我们业务模式的转

---

① 1英尺≈30.48厘米。

变。由于公司文化偏重技术，以往我们更专注于正在做的事情——那些生僻而复杂的技术！我们很少宣传为什么警察部门应该考虑与我们合作。但在销售脑公司的帮助下，我们很快让我们的高管团队提出了3个产品特点主张：探测、保护和连接。这真是让人眼前一亮，我们的目标客户开始了解我们的价值主张。

神经元图标极其有效，因为这3个简单但有意义的视觉图标向执法机构传达了这样的信息：他们应该考虑我们的枪声探测解决方案。

——拉尔夫·克拉克（Ralph Clark），首席执行官

产品特点主张实例：曼恩包装公司

曼恩包装公司（Mann's Packing）是一家位于加州蒙特雷县的大型蔬菜生产企业，主要生产甜豌豆、鲜切蔬菜，此外还会制作蔬菜拼盘、蔬菜碗等产品。它甚至向全世界推出了一种新品种的西蓝花（传统西蓝花和芥蓝的杂交品种）。在与销售脑公司合作之前，和所有竞争对手一样，它声称提供新鲜蔬菜，并努力与所有客户合作，这些客户包括大型杂货店、会员商店和食品分销商。在对它的价值主张进行头脑风暴后，高管们调整了他们的产品特点主张：更新颖的主意、更新奇的体验、更新鲜的结果。

在图8-8中，每条产品特点主张分别包括3个子特点主张。

请注意，这些产品特点主张并不是针对消费者的，而是针对食品分销商的采购经理。然而，重复使用"更新"这个表达，强烈地表明曼恩包装公司致力于提供最新鲜的农产品。当然，这类表达也可以用于任何消费者活动。关于这几条产品特点主张，曼恩包装公司的董事长兼首席执行官洛里·科斯特（Lorri Koster）表示："我们从事的是一个非常传统的行业，以相似的价格提供相同产品的供应商比比皆是。许多家族企业产品质量上乘，服务意识一流，找出差异化的特质一直是个挑战。因此，在与销售脑公司合作之前，我们向买家做的展示平淡无奇，我们的利润率也没有比竞争对手高出多少。但是，通过持续以'更新'为主题的

图 8-8　曼恩包装公司的产品特点主张

产品特点主张，我们能让买家理解，我们是如何致力于通过最佳服务提供最新鲜、最优质的产品的。我们不仅从事生鲜农产品业务，而且提供的是'更新鲜'的农产品。这样的产品特点主张在市场上取得了很好的效果，也有效帮助我们的员工理解公司的价值主张——我们的业务更重要的是运送服务的速度和精准度：我们是运送新鲜的专家！"

产品特点主张实例：明光合伙人有限责任公司

明光合伙人有限责任公司（ClearLight Partners）是一家位于加州奥兰治县的私人控股公司。几年前，它联系销售脑公司，希望我们可以帮助它们将其差异化竞争优势传递给商业合作伙伴。在仔细思考了它们的独特之处后，公司管理团队总结了与他们合作的 3 点好处。

- 明确的原则；
- 明确的进程；

- 明确的结果。

请注意，以上主张巧妙地与公司名字呼应（都以"明确的"起头），创建了一个强大的品牌形象（见图 8-9）。明光合伙人有限责任公司的创始人迈克尔·凯耶（Michael Kaye）说："销售脑公司帮助我们简明扼要地介绍了我们公司的独特之处，以及我们提供的独特产品。这些信息成为我们网站和其他宣传资料中的重要内容。公司相关各方（包括企业主、中介机构和高管人员）都对我们新版本的宣传资料赞不绝口。"

图 8-9　明光合伙人有限责任公司的产品特点主张

产品特点主张实例：Eemax 公司

Eemax 公司是美国最大的无水箱热水器的供应商。过去 25 年里，它一直致力于向商业设施、民用住宅、工业和安全应用领域提供节能、即时加热的热水器。它的绿色环保热水器是该行业中最畅销的产品。Eemax 公司负责市场营销的延斯·博莱尔（Jens Bolleyer）报告说："自从我们在网站上用了整合之后的产品特点主张和视觉图标（见图 8-10）之后，用户跳失率（bounce rate）下降了54%。"

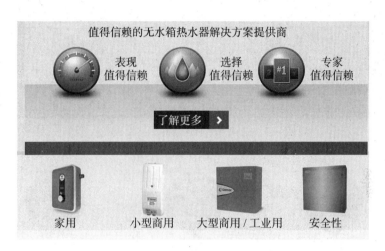

图 8–10 Eemax 网站主页上的产品特点主张

产品特点主张实例：数字技术系统公司

通过其软件和服务，数字技术系统公司（Digitech Systems）确保了所有客户都能在任何时间、任何地点传输任何类型的文件。数字技术系统公司把商业企业从内容管理体系获得的收益带给小型、中型和大型组织。数字技术系统公司的首席执行官 H. K. 贝恩说道："我们创建的产品特点主张（见图 8-11）完全改变了我们销售的方式。经销商的工作变得更容易了，他们不再需要自己去想该如何说服客户选择我们的解决方案。"

图 8–11　数字技术系统公司的产品特点主张

产品特点主张实例：领先化学和领先颜料公司

领先化学和领先颜料公司（Shepherd Chemical and Shepherd Color，简称"领先公司"）主要生产高质量的化学合成品，其总部位于俄亥俄州辛辛那提。它有一个专门研究各种颜料的部门（比如在油漆中使用的颜料），叫作领先颜料（Shepherd Color）。几年前，它联系了销售脑公司，希望我们帮它为一种新型颜料 dynamics 开发一组产品特点主张。

请注意，它使用"绝对方便""绝对一致"和"绝对利润"这 3 条产品特点主张宣传它们的新型颜料。再往下看，我们可以看到它将每条产品特点主张进一步分解为 3 条（见图 8-12）。

图 8-12　领先公司的产品特点主张

领先公司也使用了"更为专业""更佳表现"和"最优价值"这 3 条产品特点主张宣传自己（见图 8-13）。

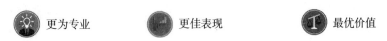

图 8-13　领先公司的企业产品特点主张

请注意，领先公司在其网站创建了一个题为"为什么选择我们"的标签，其 3 条产品特点主张都列在了这个标签下（见图 8-14）。

你选择了正确
的公司吗？

更为
专业

图 8-14　领先公司的产品特点主张

领先公司的老板兼首席执行官汤姆·谢泼德（Tom Shepherd）说："我们的技术能力很强，团队中有很多化学家和工程师。团队使用了一系列产品特点主张，可以帮助客户更好地了解'为什么要选择我们'，其核心就是我们为客户带来的独特价值。我们还是我们——是那批材料学专家，不同的是：现在的产品特点主张能帮助现有客户和潜在客户了解，他们为什么应该选择我们，而不是其他人。原本我们的销售工作侧重于宣传技术，而有了这系列产品特点主张后，我们更侧重于宣传我们能给客户带来的价值。因此，我们的业务量在过去 5 年增长了 25% 以上。"

销售和市场经理克里斯·曼宁（Chris Manning）也表示："当我们将销售脑的方法应用在各种会议和公开陈述，每个人都听得十分认真，因此，我们数次荣膺'最佳陈述'奖。这是一段令人兴奋的旅程，它产生了积极的影响，放弃原有风格，放弃根深蒂固的文字和细节信息，转而使用产品特点主张和图标，这样的决策虽然艰难，但很值得。"

产品特点主张实例：IBA 放射测定公司

IBA 放射测定公司（IBA Dosimetry）主要生产用于校准癌症治疗放射设备的

精密医疗设备，总部位于德国纽伦堡。14 年前，它首次与销售脑公司合作，自那时起，它每推出一款新产品，都会使用神经地图来宣传。2015 年，它推出了革命性的新产品"海豚"（Dolphin）。"海豚"可以实时测量病人受到的辐射量。经过两天的头脑风暴，营销团队确定了如下产品特点主张（见图 8-15）：

- 在线关怀；

- 在线控制；

- 在线信任。

图 8-15 IBA 放射测定公司的产品特点主张

他们在陈述中通常会对比现有的解决方案和新开发的解决方案（见图 8-16）。

IBA 放射测定公司的营销副总裁拉尔夫·希拉（Ralf Schira）说："12 年来，我们公司使用的产品特点主张一直是最快捷、最准确、最可靠，这有效地促进了我们的业务增长。但当我们推出'海豚'时，很明显，我们需要重新确定新的价值主张，于是我们重新选择了三个词——关怀、控制、信任。销售脑团队帮助我们组织工作坊，深入分析客户面临的痛苦，帮助我们确立了新的产品特点主张，让我们更清晰地了解消费者的需求。仅仅依靠传达这些信息虽然无法取得商业上的成功，但以这些产品特点主张为中心所确定的宣传方式，确实对业务有所帮助。自 2004 年我们与销售脑公司合作以来，每年的业务增长率都在 5%~15%，年年如此，我认为这不是一个巧合。"

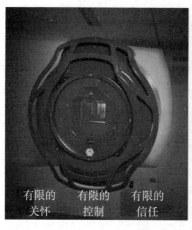

图 8-16　IBA 放射测定公司"海豚"的产品特点主张

产品特点主张实例：蒙茨公司

蒙茨公司（Mountz）的主要业务是为航空航天、汽车、医疗、电子等行业提供扭矩工具，公司总部位于硅谷心脏地带。你手机上的小螺丝或许就是用蒙茨的工具固定的。

虽然蒙茨处于行业领先地位，但它也有很多竞争对手。几年前，它主动与销售脑公司联系，那时它们的目标是确定一套清晰的产品特点主张——这些广告词很可能会成为公司将来的座右铭，帮助公司突显与众不同之处。我们和他们一起展开了为期两天的建设性讨论，最终，蒙茨的执行团队对他们的产品特点主张达成共识：

- 确保品质；

- 确保专业；

- 确保支持。

该公司首席执行官兼总裁布拉德·蒙茨（Brad Mountz）表示："我们向外传

达的信息，应当与客户选择我们的三个简单原因保持一致，然而，要做到这一点并不容易。通过与销售脑团队的讨论，我们发现对服务质量的承诺能让我们脱颖而出，因为我们的员工比业内其他任何人都更了解扭矩，在专业性、技术支持和产品质量上我们更加可靠。对公司特点的清晰界定，帮助我们在过去几年里实现了良好的业务增长。在竞争如此激烈的商业环境里，我对此感到自豪和高兴。"

产品特点主张实例："会说话的雨"饮料公司

"会说话的雨"饮料公司（Talking Rain）位于华盛顿西雅图，它充满创意，且善于使用新型配料，因此成为该行业的领军者并创立了多个品牌。几年前，它的营销副总裁联系了销售脑公司，希望我们帮助其提升广告宣传效果。它的一个品牌"闪光之冰"（Sparkling Ice）深受消费者的喜爱，但很难让经销商（大型连锁零售商）明白该品牌所具有的商业价值。销售脑公司帮助他们通过展示 3 条产品特点主张，即大额回报、大胆创新、大型规划，突显该品牌的利润价值（见图8-17）。以下是首席运营官克里斯·霍尔（Chris Hall）的证言。

大额回报　　　　　大胆创新　　　　　大型规划

图 8-17　"会说话的雨"饮料公司商业产品特点主张

几年前，我们联系了销售脑公司来帮助我们提升广告宣传效果。我们的品牌一直很强大，因此我们希望将品牌实力与带给经销商的市场价值联系起来。销售脑公司帮助我们将优势统一在 3 条产品特点主张之下。此后，我们的广告宣传变得更短小、清晰、有效了。现在我们培训了整个销售和营销团队，用同样的方式宣传我们独特的价值主张。经销商通过这些宣传信息了解到了我们产品的价值，更愿意销售我们的产品了。这就是我们业务快速增长的关键原因！

关于产品特点主张的要点

- 最好使用 3 条产品特点主张。请注意，我们不建议只使用 2 条产品特点主张：就像画家会画 1 个苹果、3 个苹果或许多苹果一样，一对明显对称的事物无法吸引我们大脑的注意力。[24]

- 如果有必要，创建子产品特点主张——就像一本书中的子章节。这些子产品特点主张应像与主产品特点主张那样简洁明了、清晰易懂。

回到本章前文介绍过的 HSI 的例子，请注意它同样使用了子产品特点主张（见图 8-18）。

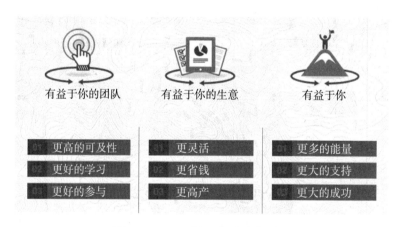

有益于你的团队　　有益于你的生意　　有益于你

更高的可及性	更灵活	更多的能量
更好的学习	更省钱	更大的支持
更好的参与	更高产	更大的成功

图 8-18　HSI 的子产品特点主张

文字背后的韵律比文字本身更重要。力求使你的产品特点主张（或者广告词）押韵，就像"痛苦"（pain）、"主张"（claim）、"收益"（gain）、"大脑"（brain）！一个单词，你可以重复使用 3 次或使用其他创造性的技巧，使你的产品特点主张更好听、更容易被记住。

- 使用简洁的句子，每句话不要超过 3 个词。产品特点主张越短越好：避免使用超过 3 个音节的词。上面提到的"痛苦"（pain）、"主张"（claim）、"收益"（gain）、"大脑"（brain）都是单音节词。

- 寻找各种缩略表达的可能性，例如：
  ○ 诊断痛苦；
  ○ 将你的产品特点主张差异化；
  ○ 展示收益；
  ○ 向原始大脑传递信息。

可以缩略表达为痛苦、产品特点主张、收益、大脑，或诊断、差异化、展示、传递。

- 确定了产品特点主张之后，接下来创建对客户原始大脑更加友好的神经图标。它将进一步帮助客户理解购买你的产品或采纳你的建议的原因。

大图形

在人类发明的所有大众传播方式中，图形是最容易被普遍理解的。

——沃尔特·迪斯尼（Walt Disney），漫画家

你已经了解到，原始大脑存在视觉偏误！有充分的证据表明，利用视觉线索去影响人们的判断是很有效的。我们最初都是用图像思考，随着大脑的慢慢成熟，我们才获得了以更抽象的方式进行思考的能力。虽然图 8-19 中的 4 个图代表了相同的概念，但从左至右 4 个图所代表的概念与原始概念的差距越来越大。正是在这个过程中，我们的大脑学会了如何解码抽象概念。这个例子表明，我们可以将抽象的单词 cat 解码为一只真实的猫。

照片　　　　　绘画　　　　　图标　　　文字

图 8-19　沟通选择

图形的科学原理

大脑后部 (枕叶) 负责处理视觉信息, 阅读则需要动用多个大脑区域, 包括听觉皮层和额叶, 因为阅读文本并不是一项视觉任务, 除第一步识别字母的形状以外。

在专业营销领域, 职业广告人自然理解图形的力量, 但在这个领域之外, 一般的企业高管通常使用文字而非图形进行沟通。我们都有过一些出席让人难以忍受的宣讲会的经历——想想那些糟糕的幻灯片吧! 每天, 我们都会收到大量的电子邮件、方案、法律文件, 也会浏览那些满是文字、几乎没有图片的网页。我们还经常接触一些信息, 其中包括一些与主题完全无关的图片, 比如那个到处张贴的接听电话的办公室女性形象。

一项关于视觉线索的研究揭示了视觉信息的力量。康奈尔大学的布莱恩·瓦辛克 (Brian Wansink) 针对 54 名被试进行了一项测试, 他要求他们用碗喝汤[25]。其中, 一半的被试使用的是正常的碗, 这种碗能提供一个准确的视觉提示, 告诉他们要喝多少汤。另一半被试使用的是自填碗 (有偏误的视觉暗示)。自填碗与正常碗的外表完全相同, 自动续汤的过程缓慢而又不知不觉, 以确保被试不知道自己在用自填碗喝汤。

测量的数据包括被试的汤摄入量、他们的预估摄入量、自我感知的摄入量和饱腹感。研究人员发现, 用自填碗喝汤的人比用普通碗喝汤的人多喝了 **78%** 的汤。然而，相比用普通碗喝汤的人，那些用自填碗喝汤的人既不认为自己喝得更多，也不觉得更饱。这就说明，视觉线索主导了他们的感知，并超过其他的感官印象！研究人员由此得出结论，盘子或碗里的食物分量提供了一个视觉线索或标准，这能影响最终的食量。他们进一步建议可以采用这样的方法让人们少吃点：使用更小的容器！

如果用小盘子吃饭可以让一个人吃得更少，那么需要向受众展示什么样的视觉信息，让他们理解为什么他们应该购买你的产品？答案就是大图形。

在我们进一步讨论这个概念之前，拿起你的手机，打电话给你最好的朋友，让他在一张信纸大小的白纸上画出如图 8-20 所示的图形（横幅）。

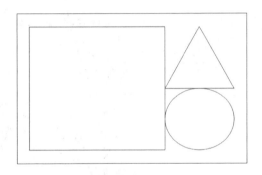

图 8-20　几何图形

当然，你不能直接将这个图形发给他，只能用文字来引导他画画。

你们花了多长时间完成这项任务？在这个过程中，有谁经历挫折吗？最终的图形与原图有多么相似？

你是否注意到，使用不同的方式（语言）来执行这项任务（基本上是一个视觉练习）是多么的困难？因为听众的原始大脑对视觉刺激有强烈的偏好，所以你需要一幅好的图形：一幅大图形。

我们首先给大图形一个精确的定义：**一幅可以使客户理解你的产品或服务会如何改善他们生活的视觉图形。**

图 8-21 和图 8-22 是两个大图形的例子，第一个（见图 8-21）是头发再生产品的广告。而图 8-22 是一对夸张的图形对比：参加一个减肥项目的价值！

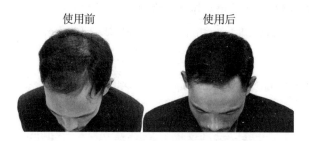

图 8-21 使用头发再生产品前后效果对比

图 8-22 慧俪轻体的广告

请注意，这两个例子都使用了对比来进一步吸引你的原始大脑。在这两则广告中，使用前（before）在左边，使用后（after）在右边（如果垂直书写，after 应该位于 before 下面）。这是因为，在西方世界，我们从左到右阅读，按照惯例，未来指向右边。在另一些文化中，情况正好相反，为了避免认知上的不协调，我们应该相应地修改画面。

一幅好的大图形能帮助观众通过视觉角度理解信息，也就是说，只用很少文字甚至不用文字，仅用一个简单的概念就能展示你能为他们做什么！

请注意，根据我们的定义，相比于以潜在客户为出发点的图形，以你为出发点的图形不能被称为大图形。在太多情况下，市场营销人员使用的图形，都无法触发潜在客户的大脑反应，原因如下。

- 以自我为中心，即图形反映的是销售方的世界，而不是客户的世界。

- 使用与产品的价值主张无关的图形，就像你经常看到人们微笑的照片，但并不清楚微笑与产品价值主张之间的关系。

- 图形太复杂，受众的原始大脑无法理解。图片中包含太多文本的图形，或者像组织结构图这样的复杂层次图，都不符合我们对大图形的定义，因为人们需要长时间的认知分析才能理解其复杂性。

大图形的其他实例

图 8-23 和图 8-24 是销售脑公司开发的大图形的例子。

还记得 HSI（见图 8-23）和它们的"轻松"系列产品特点主张吗？现在请注意，它们如何通过视觉对比来传达"轻松"这一概念的！

还记得除雪公司 Tovar（见图 8-24）吗？注意它的大图形主要集中展示它能解决的客户痛点——如果你选择 Tovar，遇到大雪天气时，你就不会在停车场滑倒、摔跤。与此同时，Bill 公司（见图 8-25）的大图形将处理账单的新旧方法进行了鲜明的对比。而"会说话的雨"饮料公司（见图 8-26）则通过其大图形展示引进他们品牌的零售商们赢得了大型的商业合作项目。

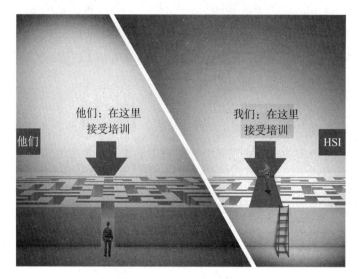

图 8-23　HSI 的大图形

图 8-24　Tovar 的大图形

图 8-25 Bill 公司的大图形

图 8-26 "会说话的雨"饮料公司的大图形

205

收益证据

请你们抬起房顶，我好看见众星，获得智慧，看清事物的本来面目。我需要证据。

——巴里·普里维特（Barry Privett），音乐家

我们已经讨论了神经地图中的第三步——如何展示收益。现在，我们需要再次审视这个主题。在你要传达的信息里，收益证据代表了另一个说服元素，而这些证据也是你应该传达的信息的核心。

你要记住以下内容。

- 首先，抓住客户的注意力就像是给他们的痛苦来一次高级快照。通常在这之后，你需要对如何缓解这一痛苦做一番简短但鼓舞人心的陈述——你可以使用道具、迷你剧或故事来强化陈述的效果。你的陈述应该满足客户的原始大脑对亲身经历和易记的需要。
- 接着，你应当对比，客户从他人和从你这里购买产生的收益差距。你需要使用广告词，向潜在客户说明 3 个他们应该购买你产品的独特理由。
- 然后，使用大图形，在视觉上展示你的解决方案将如何影响潜在客户的世界。
- 最后，你需要提供收益证据，向潜在客户展示他们的具体收益。展示形式需要真切而简洁，直击他们的原始大脑。

收益证据的推荐做法

- 客户证词是最有说服力、最重要的收益证据展示之一。但是，请注意，不要把客户证词放在一个很长的列表里，比如创建一个叫作"我们的客户"的网页来罗列客户证词。如果你在同一个网页标签下列举了所有客

户的名字，似乎是在用社会性证据说服潜在客户。但这样做并没有效果，因为只有当被说服者没有意识到在被说服时，效果才会更好。相反，客户们的故事应该作为一种视觉或情感的媒介，展示产品的真实价值。

- 视频是最强的叙事传输方式，所以通过短片传达客户证词才是最佳方式。在销售脑科学中，我们把这些视频称为"神经证词"（Neuro Testimonials）。

- 其次是客户的简短推荐，内容包括他们的名字和照片。除非涉及隐私问题，否则应该避免提供匿名的案例——原始大脑很难相信那些匿名的故事。

- 客户案例需要尽可能的真实。客户最短只需要说两三句话，但他们需要讲述一个听起来、看起来和感觉上都足够真实的故事。如果一家公司自己声称某个客户"对它的非凡解决方案感到高兴"，那只会适得其反，虚假的故事会令潜在客户立即放弃购买意愿。

- 客户证词应该简短扼要。理想情况下，客户使用的词最好与广告里的词相同。一个组织良好的客户证词通常先指出客户某个痛点，紧接着是一句妙语，说明客户采用了你的解决方案，消除了痛点。有时候，为了营造戏剧张力，你还可以加上一句话，表明在体验到你的解决方案的价值之前，客户面临一个甚至多个障碍。但最终，作为销售商，你成功提供了最合适的产品，帮助他们克服了障碍。例如，假设你在销售安全带，沃尔沃的采购总监约翰·斯温森说的话就是很好的客户证词。

多年来，我一直在考虑采购新的安全带。我们的研究表明，在不牺牲任何安全性的前提下，司机们都愿意寻找更舒适的安全带，更不用提我们还需要在大幅削减成本的情况下采购安全带，所以这不是一个容易解决的问题（制造叙事张力）。然而，当我们改用 ABC 安全带后，每辆车的成本降低了 7 美元，从而每年能节省 350 万美元（经济型价值）。同时汽车的安全指数（策略型价值）提高了 3 个百分点。因此，整个采购部门获得了"最佳部门贡献奖"（个人型价值）。

- 你的价值需要量化，而价值的演示过程必须简单、逻辑性强，而且全面。以下几个案例是产品特点主张不断改进的例子。
  - "我的解决方案会帮你省钱。"
  - "采用我的解决方案，你的工作效率会提高 10%。"现在它被量化了。
  - "因为工作效率提高了 10%，你将节省 8% 的制造成本，推出新产品的速度将加快 5%。"现在，经济型价值和策略型价值都被量化了。
  - "因为工作效率提高了 10%，你每年的制造成本将节省 8 万美元，而且新产品的上市周期能从 18 个月缩短到 12 个月；相比竞争对手的 18 个月而言，你将更有竞争力。"现在，经济型价值和策略型价值都已完全量化，并转化为一个有形的数字。请注意，策略型价值也已与竞争对手进行了对比。
  - "在购买 ABC 系统之后，我们每年在制造成本上节省了 8 万美元，新产品上市的周期也从 18 个月缩短到 12 个月，这让我们更具竞争优势。"ACME 制造的约翰·史密斯如是说。现在你已经用一个客户案例证明了这一点。

- 参考上面的例子，你会发现大多数公司在展示收益方面都做得不够。例如，它们只提供了一长串以前的客户列表，而没有量化价值或使用有力的证据。
- 许多公司混淆了价值和证据的概念。例如，你经常会看到律师事务所、会计师事务所、财务顾问或房地产经纪人声称："我们拥有 150 年的综合经验。"在这种情况下，选择它们的策略型风险可能很低，因为它们拥有很多经验。这种声明可以作为证据，但这可算不上什么价值，而仅仅是一个特征。事实上，原始大脑反而会把这些经验与更高的服务价格联系起来。

- 最后，你应当明确展示产品能给客户带来的收益，将整个收益等式展示在一页纸上。通常只有 B2C 型企业才会这么做——有时纸上只有一幅图，文字很少或完全没有文字。在复杂的 B2B 交易过程中，很少出现这样的情况。

运用销售脑科学的方法，我们帮助无数公司改进它们的收益演示——在同一页纸上展示它们产品的成本以及能给客户带来的收益。以下是 IBA 首席执行官奥利维尔·勒格兰（Olivier Legrain）的客户证词。

通过销售脑公司，我们了解到不应该让客户去猜测他们能从我们这里得到什么样的收益，而是应该将收益成果直接展示给他们。高度复杂的医疗解决方案需要客户花费 5000 万美元甚至更多，综合展现其价值是一项极其困难的工作。但在经过销售脑公司指导的演示结束后，许多客户告诉我们"我现在明白了"，最终我们赢得了订单——展示收益的努力是值得的。

异议转化

逻辑永远不会改变情感或认知。

　　　　　　　　　　——爱德华·德·博诺（Edward de Bono），心理学家

当潜在客户提出异议时，大多数销售人员都会感到不安：他们觉得这是一个拒绝信号，实际上这仅仅是想要销售人员提供更多的信息的信号。当潜在客户越来越接近做出决定的时间点时，他害怕做出错误决定的心理就越明显，这种心理

将影响他们的决定，并促使他们要求商家提供更多的信息[26]。

最常见的异议有："是的，我喜欢你的解决方案，但价格太高了。"即使你的解决方案确实比竞争对手的更贵，但这是潜在客户不购买的真正理由吗？他们只是在比较一种苹果的不同价格吗？不是的。通常，价格方面的异议，只是表明客户在比较不同解决方案之间的成本差别，并没有比较价值方面的差异。你是否已经展示了所有的收益？你的解决方案中的那些价值有没有被展示？有没有被量化？有没有得到证实？在决定是否需要转化客户的异议之前，请确保你已经充分展示了收益。

异议通常有两种形式：来自误解的异议和来自认知的异议。它们都可以通过运用逻辑以及提供额外的信息消除。想象一下，客户说你的解决方案太贵了，但他们没有看到你的价格包括 12 个月的保修。如果他们意识到你的竞争对手没有提供这种保障，他们就可能改变对价格差异的看法。

相反，基于认知的异议则不能用逻辑来解决。如果你的客户认为（无论正确与否）你的解决方案过于昂贵，那么再多的理性信息也无法改变他们的想法。异议产生的理由仅仅是害怕可能会后悔。神经地图建议，处理这类异议的最佳方法是使用故事、类比或隐喻。这样做会使客户产生积极的情绪，可以抵消先前因怕后悔而产生的消极情绪。

总而言之，你可以通过以下方法转化异议。

（1）对异议表示认同，或站在尊重的立场上对异议表示质疑。

（2）直面异议。

（3）用故事、类比或隐喻来强调异议的积极方面。

对异议表示认同或质疑

尽管许多营销类图书都会提醒读者，不要与客户产生意见分歧，但我们相信：只有坚持你自己的意见，才能达到最好的说服效果。这是因为：①客户并不总是正确的；②他们的原始大脑很快就在不经意间发现干扰他人的行为或不诚实的迹象[27]。陈述你的观点——要坚持自己的立场，不要害怕与客户的意见相左，这是一种无畏的态度，对影响客户的原始大脑很有效。

罗伯特·西奥迪尼指出，每当你提到一些关于自己或解决方案的负面信息（但愿是轻微负面的）时，无论在那之后提到什么，你的听众都会更相信你[28]。例如，假设你无法同意潜在客户认为解决方案过于昂贵的意见，你首先回应一些消极的话，比如"尽管，正如你所指出的，我们还无法提供 7×24 小时的客户服务"，然后你可以接着说："但是，我们的产品并不比竞争对手的贵。"这样做可以更有效地帮助客户进行合理的比较，让你的价格陈述影响他们。即使在某一瞬间你觉得撒一个小谎可能有帮助，但也要做到陈述真相。

直面异议

假设你正面对面地向潜在客户推销产品，而他们此时提出异议。我们的建议是直接面对异议，这样做表明你不害怕异议，同时也可以使你与说服对象更进一步。这能向客户的原始大脑证实，他的异议要么是无关紧要的，要么就是下意识的。与此相反，你的退缩会让客户感觉他的异议有道理。根据梅拉比安博士的估计，只需使用肢体语言，就可以下意识地化解 55% 的异议[29]。

例如，向前移动的距离，应该与你和客户之间的距离成正比。如果你坐得离他很近，那么微微前倾就足够了，但是，如果你站在一个大舞台上，就需要朝着异议人所在的方向走近几步。

用故事、类比或隐喻来强调异议的积极方面

当一个异议被表达时，无论付出多大的努力，潜在客户很少会投降并坦率地承认："你是对的，你的解决方案不复杂，也不贵。"你的目标应当是，消除或减少异议带给潜在客户的消极情绪。想要做到这一点，逻辑是无效的。相反，你需

要找到积极情绪，抵消掉最初的消极情绪。我们建议使用故事、类比或隐喻来传达这种积极情绪。

一些常见的异议：积极的一面以及可以转化异议的故事

异议：你的解决方案太贵了。

要转化这个常见的异议，你首先需要找到价格高昂的积极方面。通常，价格高昂的产品质量更好，使用寿命更长。然后，你需要找到一个可以传达更好的质量和更持久的产品价值的故事、类比或隐喻。转化这个异议之前，你需要先决定认同还是质疑这个异议。如果你认同，你只需说："你是对的，我们的解决方案比竞争对手的贵了几个百分点。但我不认为这是你拒绝我们的理由。"

接着，转化客户的异议。你可以说："这让我想起了上次买网球鞋的情景。作为一名网球运动员，我总是穿着价格 100 美元的阿迪达斯运动鞋打球。我对阿迪达斯运动鞋的抓地力、稳定性、重量和外观感到满意。我还喜欢它生产的鞋底，因为至少打完 25 场比赛它们才会磨损。但最近我买了另一个品牌（不要提及具体名称）的网球鞋，它们看起来与我经常买的那种型号非常相似，而且在打折出售，只需 50 美元……这确实很划算，至少当时我是那么想的。一开始，新鞋穿起来的感觉良好，但仅仅几场比赛后，我就发现出现了磨损。更糟糕的是，仅仅打完 5 场比赛，球鞋的脚趾处就出现了一个洞，我需要换一双新的……我发现 100 美元的球鞋在 25 场比赛过后的状况甚至比 50 美元的球鞋在 5 场比赛后的状况要好得多。因此，我们的解决方案可能比竞争对手的要贵一些，但我相信会给你带来更长久的收益！"

注意最后一句话的巧妙之处：它使解决方案与鞋子的故事相匹配。

异议：你们的产品上市太晚。

这种异议积极的一面是，上市较晚的解决方案通常更完备，因为供应商有足够的时间解决早期出现的问题，提供更完备的解决方案。你可以用特斯拉

（Tesla）的故事来转化这条异议："是的，我们的产品上市确实推迟了。这让我想起了特斯拉的故事：它的第一款车型 Roadster 上市前曾多次延期，后来的 Model S 也是如此。推迟了两年多之后，Model X 才得以上市。尽管出现延期，但特斯拉的用户满意度仍然名列前茅。同样，如果你选择我们，一旦你开始采用我们的解决方案，我们保证提供最好的体验。"请注意，如果提出异议的正好是特斯拉的用户，这个故事会让他产生更强烈的共鸣！

你对潜在客户了解得越多，就越能构建一个优秀的故事。这个故事将制造最强烈的积极情绪，足以抵消客户因怕后悔而产生的消极情绪。

异议：你的解决方案太复杂了。

针对这个异议，你可以用汽车自动变速器做个类比：的确，从内部来看它很复杂，但它的用途很简单，停车、倒车、挂空挡和驱动，而且变速器非常可靠。所以，你可以说："你是对的，我们的解决方案就像引擎盖下的变速器，的确相当复杂。"

请注意，对客户的异议表达认同（对你来说是消极的表现）会使他们以更开放的心态接受你要讲的故事，让其中的积极情绪帮助消解他们心中的消极情绪（怕后悔）。

"这有点像自动变速箱。所有汽车上的变速箱都相当复杂。然而，对用户来说，它们的使用方法却非常简单：只要选择驾驶或倒车就可以了。另外，大多数自动变速箱可以保证你开上 25 万甚至 30 万英里不出任何故障：这些设备是非常可靠耐用的。如果你选择与我们合作，我们的解决方案也将如此：内部复杂，但使用起来简单可靠。"

推荐转化异议的做法

- 把对方的异议看作一件礼物：这是一个信号，表明这个潜在客户正在接近做出决定的时刻，而他害怕做出错误的决定。把它当作一件礼物，你就能把肢体语言所表现出来的潜意识恐惧降到最低。

- 请记住，如果你正站在潜在客户的面前，那就向前走几步，仅仅这个动作就能化解55%的异议。如果你坐在他们的办公桌前，则只需前倾身体，缩小你们之间的距离。向前移动的距离应该与你们之间的距离成正比。

- 想出一个完美的故事、类比或隐喻，激发潜在客户大脑中强烈的积极情绪。这很具有挑战性，哪怕是最优秀的销售和市场营销人员，匆忙之间想做到这样也几乎是不可能的。这意味着你应该准备一个列表，列出最常见的异议以及有可能用到的故事。然后，根据你对潜在客户的性格、行为模式、日常活动和兴趣爱好的了解，在故事列表中挑出一个你认为能制造最好的积极情绪的故事。如果你知道他打网球，那么网球鞋的故事很可能会产生最好的影响。

- 因为相同的刺激有时会导致不同的情绪反应，你认为可以制造积极回应的部分，可能在特定的潜在客户身上无法产生预期的效果。所以关键点是你需要试着和不同的人讲故事，从中练习你的表达方式。

现在你已经转化了他们的反对意见，是时候收尾了！

收尾

人们不会在聚会结束前离开。

——温斯顿·丘吉尔，英国前首相

如何收尾？这一直是销售方法论中最受人关注的主题之一。然而，从来没有一个简单而有效的方法，能够帮助人们推进说服潜在客户：从怀疑到期待，从期待到热望，从热望到行动。

面对面的情况下，为了系统地实现这一目标，我们认为最有效的收尾方法如下。

（1）重复你的产品特点主张。

（2）询问"你觉得怎么样"，然后等待回复。

（3）询问"我们接下来该做什么"，然后等待回复。

请注意，在其他神经地图的元素中，我们鼓励你发挥创造力，添加一些额外的特征来增强信息的显著性。但在收尾时，一个标准化的说服流程（由 3 个简单的步骤组成，包括 2 个简短的问题）才能产生最好的结果。

重复你的产品特点主张

你的产品特点主张表明了潜在客户购买产品的 3 大理由。想要明确地强调它们的重要性，最好的方法就是不断重复。收尾陈词出现在全部信息的末尾，近因效应[①]（recency bias）会帮助他们记住这些信息。当你的陈述接近尾声时，我们建议你最后一次强调你的产品特点主张："总结一下，今天我们讨论了为什么只有我们公司才能帮助你节约时间、节约金钱、节约精力。"

询问"你觉得怎么样"，然后等待回复

还记得罗伯特·西奥迪尼所证实的影响力六大法则吗？

请注意，这些法则都是基于神经地图建立的。例如，当你陈述产品特点主张"使用了我们的解决方案，你才能有：产品特点主张 1、产品特点主张 2、产品特点主张 3"时，用到了稀缺性法则。或者，当你用有力的客户案例证明产品的价值时，社会性法则在起作用。

所以，当你重复产品特点主张后，应当询问他们"你觉得怎么样"，然后等

---

① 近因效应：人们记忆一系列事物时，对末尾部分的记忆效果优于中间部分的现象。

待回复，以此触发他们心中的一致性法则。这将减少听众在之后改变主意的可能性，并提高他们的认知流畅度。

一致性法则

前后矛盾是一种不受欢迎的性格特征。保持一致性，才是积极的品质。一致性法则在很多情形下都被证实对说服有效，心理学家托马斯·莫里亚蒂（Thomas Moriarty）给出了最简单的证明[30]。莫里亚蒂在纽约的海滩上进行了一项实验，由两名研究者参与。

- 第一名研究者随机选择了一个被试，在离他几码①远的地方铺上了一张沙滩毯、放置了一台便携式收音机。躺了几分钟后，他起身去海滩散步，于是，他的毯子和收音机处于无人看管的状态。
- 几分钟后，第二名研究者扮演小偷，拿走了毯子和收音机。

在实验过程中，他们会观察被试的反应；他们就站在毯子和收音机旁边，显然目睹了小偷的不法行为。相同情况的实验重复了 20 次，其中只有一次被试愿意出面干涉。很少会有人冒着自身被侵犯的危险，上前保护陌生人的物品——这当然可以理解。我们该怎么应用一致性法则来扭转这种情况，让另外 19 个被试愿意去阻止小偷呢？研究者通过一个简单的问题找到了解决方案。在放下东西去散步之前，研究者问旁边的人："能请你帮个忙吗？你愿意帮我看一下毯子和收音机吗？"然后等待被试口头答应。因为人们想要言行保持一致，那些积极回应的人，会觉得有义务保护物品——结果 20 个人中有 19 个人会试图阻止小偷。

社会心理学家史蒂文·舍曼（Steven Sherman）成功招募到一批愿意挨家挨户为慈善机构筹款的志愿者，人数比过去增加了 700%。他是怎么做到的？他没

---

① 1 码 =0.9144 米。——译者注

有要求人们立即承诺做志愿者，而是在此之前采取了另一个步骤。他给人们打电话，让他们猜猜，包括他们自己在内，有多少人会同意花 3 小时为美国癌症协会（American Cancer Society）筹款。对于这个问题，绝大多数人的回答都是他们愿意花时间。几天之后，同一批人接到了来自美国癌症协会的电话，询问他们是否愿意当志愿者——为了和自己先前的预测保持一致，他们大多回答愿意当志愿者，因此志愿者人数比以前多出了 7 倍[31]。

在得克萨斯州达拉斯市，消费者研究人员丹尼尔·霍华德（Daniel Howard）帮助饥饿救济委员会（Hunger Relief Committee）招募到了更多的志愿者：他们在家中举办活动，卖饼干，所得收入用于救济穷人。招募志愿者的一般方法是直接邀请志愿者，但是这种方法的成功率只有 18%。然而，只要在邀请志愿者前加上一个问题，比如"你今晚感觉怎么样"，研究人员发现，在 120 名受访者中，108 人的回答是"不错""很好"或"真的很好"。在这 108 人当中，有 35 人同意举办饼干派对，成功率从 18% 上升到 29%[32]。

在加州一个居民区，心理学家乔恩·弗里德曼（Jon Freedman）和斯科特·弗雷泽（Scott Fraser）询问居民，是否同意在他们的花园里摆放一个又大又丑的广告牌，牌子上写着"小心驾驶"[33]。不出所料，只有 17% 的人同意。然而，他们请求居民们在窗口放一张明信片，上面写着："做一名有安全意识的司机。"两周后，再次询问居民是否愿意在花园放置那个广告牌时，同意的人跃升至 76%。

那么，如何运用一致性法则来完成一段有说服力的收尾呢？

答案是询问"你觉得怎么样"，等待对方的回复。很多时候我们会抢在客户之前对自己的解决方案做出积极的评价，想以此来引导客户。实际上这会给客户带来一定的心理压力，他们必须在没有心理压力的情况下做出积极表达，才能符合一致性原则。你的目标是安静地等待他们说出对你有利的积极言论。只要他们表达出一些积极的态度，无论这些陈述最初多么微不足道，都意味着你能成功收尾了。为了进一步加强一致性，确保你不是房间里唯一听到积极反馈的人：你也许可以让潜在客户在一个公众场合表态，让他的员工见证这个时刻。

在公众场合做出承诺的力量

大多数人在陈述结束时都会问："你们有什么问题吗？"这并不是一个好的问题，换成"你们觉得怎么样？"会更有效。因为他们可能没有任何问题，但他们无疑会有意见，大多数人都渴望分享自己的意见。

社会心理学家莫顿·多伊奇（Morton Deutsch）和哈罗德·杰拉尔德（Harold Gerald）让学生们估计画在纸上的线条的长度[34]。学生被分成三组。

（1）第一组的人必须公开他们的初步估计值，签字确认并把他们的估计数据交给研究人员。

（2）第二组人只要把自己的估计值写在可擦除笔迹的便笺上，然后在把便笺交给研究人员之前擦去。

（3）第三组只被要求在心中默默估计。

之后，研究人员向学生们提供了关于这些线条长度的额外信息，并询问他们是否想修改自己的最初估计值。第三组学生受到额外信息的影响最大，他们修改了自己的估计值。第二组学生不太愿意修改自己的估计值。第一组学生则强烈拒绝修改他们的估计值——即使有了新的证据。这是因为他们已经公开了他们的初步估计值，这让他们更倾向于坚持原来的立场。

当你公开询问人们对你的陈述的看法时，他们会觉得有必要提供自己的观点，以表明自己理解并掌握了你所讲的内容。请记住，你的目标是让他们说出很多积极的评价（即使是很小的评价）并公开发表这些评价。

通常，人们不赞成这种形式的收尾："如果他们对我的解决方案做出了负面评价该怎么办？"无论如何，异议很可能已经浮出水面，如果他们表达异议的时候你在场，那就更好了，因为你有机会做出回应。

- 如果反馈是消极的，把它当作一种异议。
- 如果反馈是积极的，那就祝贺自己吧，因为利用一致性法则，你就能帮助他们找到购买方案的积极动力。未来，他们也不太可能偏离最初的方向。

询问"我们接下来该做什么"，然后等待回复

这个问题类似于"你觉得怎么样"，也是为了激发他们心中的一致性法则，让他们（而不是你）建议或确认下一个步骤。还要注意，这个问句中，我们已经不用"你"（you）而开始用"我们"（we）了。虽然看起来差别不大，但这意味着在听到他们对"你觉得怎么样"的回复后，他们现在已经同意迈出下一步（无论这离他们最终的购买行为还有多远）。此时，因为他们表达了足够的积极兴趣，"你"变成了"我们"，你赢得了他们的信任，让他们把你看作团队的成员。这个问题的目的是展开一场对话，在对话中，希望潜在客户能主动建议接下来该做什么。你理应充满信心，但也应该务实：你能在多大程度上推动他们，走向最终的决定？如果你在销售一个价值数百万美元的、复杂的解决方案，典型的销售周期是一年或更长，而这只是你的第二次会谈，那么显然还不到达成交易的时候。相比之下，如果你在卖一辆车，你已经驾着车和客户夫妇讨论了两小时，这时你就该问"我们接下来该做什么"，然后，你应该等待客户自己问"在哪里签合同"。

关于收尾的要点

- 以重复你的产品特点主张开始，这是你强调他们为什么应该选择你的解决方案最后的机会。大多数人对于重复自己的产品特点主张感到不舒服，但是有说服力的沟通者会很自然地重申这些特点，因为这会帮助客户理解产品特点主张的相关性和重要性。

- 询问"你觉得怎么样"，然后等待回复。鼓励他们表达，让潜在客户自由地表达他们的意见。不要打断他们的话，相反，要真诚地表现出你对他们的评论的兴趣。要求对方阐明意见，并进一步推动讨论，鼓励他们尽可能多地陈述积极的观点。

- 询问"我们接下来该做什么"，然后等待回复。如果一开始他们的反应不够快，无法做出最终决定，你可以主动提出下一步的建议，然后再次询问"你觉得怎么样"，然后等待回复。

现在，让我们回顾一下说服催化剂。

七种说服催化剂

请记住，如果说服元素是你沟通信息的基本组成部分，那么说服催化剂的作用，就是用来增强说服元素对原始大脑的影响力。它们代表了能进一步提高每个说服元素的说服效果的不同沟通技巧。每种说服催化剂都可以且应该应用于所有说服元素，它们会扩大你的信息的影响力。

用"你"交流

八卦是指一个人和你谈论别人的事；一个无聊的人会和你谈论他自己，一个聪明的健谈者会和你谈论你自己。

——丽莎·柯克（Lisa Kirk），美国图书营销家

你可以使用任何词语在任何时候进行交流，但有一个简单的交流策略，可以帮助你创造最有影响力的信息。这种策略被称为"与'你'交谈"——沟通专家所说的"自我参照"的简化版。用"你"这个字是一种简单的沟通方式，可以通

过切身刺激应对原始大脑关注的问题！

研究人员发现，人们平均有 60% 的谈话关于自己[35]，而在推特和脸书等社交媒体平台，这一比例跃升至 80%。原因很简单：哈佛大学社会认知与情感神经科学实验室（Harvard Social Cognitive and Affective Neuroscience Lab）的研究表明，谈论自己能让人感觉良好[36]。在一项功能性磁共振实验中，195 名被试被要求讨论他们和其他人的观点。结果显示，被试谈论与自己有关的话题时会触发大脑的伏隔核和腹侧被盖区，这两个区域与奖赏和愉悦感相关——性和美食都能触发这两个区域！

进一步说，我们在之前提到过 188 种不同的认知偏误。其中有 40 种可以在逻辑上解释为：由一些个人化的因素造成，比如视觉盲点偏误、选择支持偏误、确认偏误、保守偏误、知识诅咒偏误、控制错觉、工具定律、素朴犬儒主义、过度自信效应、关联性效应、聚光灯效应等。由于人们的头脑总是被自己的生活占据，所以有效吸引他们原始大脑注意力的方法就是，使用"你"这个字。

思考以下陈述。

- "新流程比当前流程快 40%" vs "使用新流程，你将节省 40% 的时间"
- "这台复印机包括一个分类器和一个订书机" vs "你不再需要把时间浪费在分类和装订上了"
- "我们是……的领先供应商" vs "如果选择一家领先的供应商，你能将风险最小化"

或者再思考一下这些简短的产品特点主张。

- "你雅虎了吗？"——雅虎
- "我需要你"——山姆大叔
- "服从你的渴望"——雪碧

- "你值得拥有"——欧莱雅
- "你有 30 分钟"——达美乐比萨

或者 IBM 的新口号："你就是 IBM。"

甚至这些口号：

- "拿到牛奶了吗？"——加州牛奶协会
- "不同凡想"——苹果公司

请注意，在上文的口号中，虽然"你"这个字没有被明确地写出来，但它隐含在"（你）拿到牛奶了"之中。

当使用"你"（或"你的"）这个字眼时，作者和读者之间立刻就会建立融洽的关系，因为你把读者放在了故事的中心！

使用"你"的科学原理

来自俄亥俄州立大学的伯恩克朗特（Burnkrant）和乌纳瓦（Unnava）证实，加强自我参照（将各种信息与个人经历联系起来）能产生更好的说服效果[37]。珍妮弗·埃斯卡拉（Jennifer Escalas）进一步提出，即使广告使用的故事很没有冲击性，叙述性的自我参照还是会通过叙事传输产生说服效果：人们会被故事打动[38]。

当你听到"你有 30 分钟"时，你的大脑会沉浸在一个故事里，故事讲述你在吃比萨前可以做的所有事情。注意，它传达的是一个积极的概念，而不是告诉你，必须等上 30 分钟！

在产品特点主张中使用"你"

还记得 HSI 公司和它的"轻松"系列产品特点主张吗？让你的员工轻松，让你的企业轻松，让你自己轻松。还记得 Carothers、DiSante 和 Freudenberger 律师事务所"节约"系列产品特点主张吗？节约你的时间，节约你的金钱，节约你的精力。这些产品特点主张之所以有效，不仅因为它们一致地强调的"节约"概念（对律师事务所来说，这是一个至关重要的价值），或者因为它们押韵，最主要的是因为它们强调了"你"这个字！

下次写电子邮件、宣传册、网页或其他任何宣传材料时，你应该多读上一遍，看看自己是如何使用"你"这个字的。尽量少用"我""我们""我们的公司"这些词，多写一些包含"你"和"你的"等句子。当你强迫自己围绕"你"这个概念进行思考时，你自然就不会再强调你的解决方案如何优秀。相反，你会开始着重思考你能给客户带来哪些好处。

讲述故事

谁会讲故事，谁就能统治世界。

——霍皮族谚语

之前，我们将故事描述为一种抓住注意力的工具。因为故事在吸引原始大脑方面非常有效，它们能对你的想法、论点、概念或说服元素产生有力的影响。但是，在神经地图模型中，故事不仅代表一种抓住注意力的工具，还代表说服的催化剂。因为它能增强不同种类的说服元素，如大图形、收益证据、异议转化对人的影响力。

证据可信

我们成功的原因是什么？当然是我的感召力。

——佛莱迪·摩克瑞（Freddie Mercury），皇后乐队主唱

想象由两个不同的人传达相同的信息，他们会对听众产生相同的影响吗？他

们是否有相同的说服力，促使听众采取行动？当然不是，根据个人的信誉或感召力的不同，说服力自然不同！

大多数人认为"感召力，你要么有，要么没有，但你始终无法控制你是否拥有它"。然而，我们相信学习与感召力有关的科学原理可以帮助你提高说服力。我们将尝试科学地定义感召力，并尽可能消除它神秘的一面。重要的是，我们将证明这一切都与原始大脑有关！你会注意到它是本书中最多的一部分内容。为什么？因为即使是销售缺少吸引力的产品或解决方案，有强大感召力的销售员也能赢得更多的订单！

我们认为，感召力在听众中的可信度取决于以下 6 个因素。

（1）相似性：你和听众共有的特征或信念。

（2）表达：你通过语言、语调和肢体所传达的信息。

（3）创造力：你用来表达许多顿悟时刻的想象力，使听众毫不费力地理解你的话。

（4）激情：你对主题或专业表现出的热爱和热情。

（5）无畏：对结果的释然与所流露出的自信。

（6）诚信：与听众建立牢固信任的凭据。

你的相似性

如果你想说服我，你必须考虑我的想法，体会我的感受，使用我的语言。

——西塞罗，古罗马政治家

几十年来，经验主义销售模式一直建议，寻找你与潜在客户的相似之处。许多销售主管一旦发现自己的潜在客户是高尔夫球手，就会马上抓住机会和客户谈论高尔夫。潜意识思维领域的专家约翰·巴奇（John Bargh）说："一般来说，小动物们已经进化出一种倾向，那就是与它们相似的动物保持亲密关系。"[39] 我们寻找与潜在客户的相似之处，以便更有效地与其建立融洽关系。融洽的定义是"一种积极的情感联系"[40]。它源于彼此的信任和信心。融洽可以简单地描述为，与你喜欢的人在一起时的感觉。

研究人员创造了"内群体偏误"（in-group bias）和"外群体偏误"（out-group bias）这两个术语。即使是在完全人为创建的群体中，群体偏误也是不可避免的。比如有一项实验，研究人员根据从一个容器中抓取到的蓝色球和红色球将被试分为两组。实验要求被试与别人分享自己的钱，结果人们更倾向于把钱分给持同色球的人[41]。

多种类型的研究表明，想要建立融洽关系并进行高效沟通，"模仿"对方的行为是非常有效的方法。这包括模仿对方的身体姿势、手势、着装、说话习惯（包括词汇和语调）甚至与对方同步呼吸。当两个人关系融洽时，他们甚至会自然地、下意识地采取相同的态度[42-44]！

你的声音、外表和感受越接近你的客户，你们之间的关系就会发展得越快、越紧密，你在客户面前就会越有感召力。这将有助于你缩短销售周期，因为融洽和信誉是信任的基础，而我们倾向于信任那些受尊敬的同类成员。

关于相似性的要点。

- 相似的概念适用于所有情形：如果你的客户穿着保守，那你也应该如此。还记得 IBM 员工穿三件套西装打领带的穿着吗？相比之下，如果你今天想把产品卖给市场街（Market Street）以南的一家年轻初创企业，比如旧金山的数字化中心，穿休闲装肯定比穿三件套西装更奏效。

- 你应该和客户说同样的语言。记住，每个行业都有自己行业内部的词汇，学习他们的语言是你的职责。如果你的客户习惯说话时使用长时间的停顿，你也应该这样做。

- 镜像：加州大学洛杉矶分校教授马可·亚科波尼（Marco Iacoboni）在他

的《天生爱学样：发现镜像神经元》(*Mirroring People: The New Science of How We Connect with Others*) 一书中，为同理心科学提供了很好的证据[45]。

他建议把你想要建立融洽关系的人当作一面镜子（不要完全模仿）。神经科学家安东尼奥·达马西奥及其同事发现，当我们表现得像倾听者一样时，我们就能从对方的角度体验生活，而这种镜像行为能触发真实同理心的神经机制[46]。

- 如果你的客户注意到你在模仿他们的行为，可能会适得其反，只有当被说服者没有意识到他正在被说服时，说服效果才会更好。所以，要确保你的听众不会注意到你在故意模仿他们的穿着、说话或行为！你的模仿行为越不露痕迹，你们之间的关系就会越融洽。

看到或听到另一个非常相似的个体，可以为原始大脑创建一个培养信任的安全环境。

你的表达

如果想要说服别人，那么不应该把信任放在正确的论点上，而应该放在如何措辞上。声音的力量远大于理性的力量。

——约瑟夫·康拉德（Joseph Conrad），小说家

逻辑告诉我们，如果我们是理性的决策机器，当面对那些试图影响我们的人时，大脑只会思考他们言语的真实含义，而不会受到其他因素的影响，比如他们的语气、穿着风格或面部表情等。可是，因为原始大脑在决定中起主导作用，所以陈述者的音调、语气和节奏（我们听到的），以及他们的穿着和肢体语言（我们看到的），都会对我们产生影响，甚至比言语的影响更大。

因为缺乏口头语言的历史记录，进化史专家通常使用预估数据来描述智人使

用语言的时间、语言进化的过程，以及语言对大脑产生的影响。舌骨是唯一不与其他骨骼相连的骨骼，它只存在于尼安德特人和现代人类体内，是语言能力的基础。研究人员通过研究舌骨的进化过程，做出如下推测：伴随着工具的发展，语言出现在大约 30 万年前。最早的书面文字形式大约出现在 1 万年前，而对大多数人来说，阅读更是在数百年前才成为必要。尽管大脑显示出自己重组通路的能力——这是一种被称为大脑可塑性（brain plasticity）的现象，但由于长期进化的影响，这种重组并不像专属电路（dedicated circuits）那样运作。从进化的尺度来看，书面文字甚至口头交流还没有足够的时间对大脑产生影响。因此，为了阅读，大脑必须利用其负责基因编码的区域来完成任务。具体而言，阅读需要经历以下 3 个不同的步骤[47]。

- **文本的视觉处理**。它需要利用枕叶，尤其是大脑后部的腹侧视觉通路来识别形状。例如，在阅读单词 cat（猫）时，你会解码 3 个字母 c-a-t 的视觉形状。经过训练，识别字母的过程变得高度自动化，大脑可以在不到 150 毫秒的时间内解码一个字母。
- **以提取音素（构成音节的最小声音单位）为目的的声音的听觉处理过程**。例如，字母 c-a-t 中的音素构成了 "cat" 这个发音。这项任务与大脑左侧颞上沟有关。
- **从心理词汇中检索相关概念的语义解码**。"cat" 这个音现在需要和一种毛茸茸的动物联系起来。这个系统可以进入大脑的几个区域，但主要在颞叶，也就是大脑的左侧。

阅读和其他语言相关活动（如听/说/写）都需要利用复杂的大脑回路，而这些回路通常与原始大脑无关。因此，用语言说服别人不如用非语言暗示有效。传播学研究者阿尔伯特·梅拉比安通过一系列实验证明了这一点[48]。他总结了以下几点。

在面对面的情况下，沟通有 3 个要素：

- 说话内容；

- 说话语气；

- 面部表情（包括肢体语言）。

他对这些因素的重要性进行量化，并提出了如今广为人知的"7-38-55 规则"，根据梅拉比安的说法，沟通的效果如下（见图 8-27）。

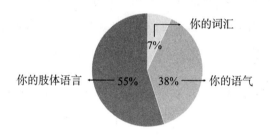

图 8-27　梅拉比安的研究

- 7% 来自你使用的词汇；

- 38% 来自你采取的语气；

- 55% 来自你的肢体语言；

- 当沟通的 3 个要素不协调时，人们往往更倾向于基于语气和肢体语言做出判断，而不是词语本身。

此外，埃默里大学的研究人员证实，语调，即音调、音强、速度、韵律，所传达的信息往往比你使用的词汇本身更多[49]。

由于原始大脑受视觉主导，所以观众看到的事物要比他们听到的声音更有影响力。研究表明，当你在打电话时，由于两个人没有视觉上的交流，那么词汇的影响力会占 14%，而另外 86% 的影响力则来自语气[50]。

现在，让我们进一步讨论影响表达质量的关键因素：用词、语气和身体语言的重要性。

使用正确的词汇

正确的语言和差不多正确的语言之间的区别就如同闪电和萤火虫之间的区别。

　　　　　　　　　　　　　　　　　——马克·吐温（Mark Twain），美国作家

第六章关于产品特点主张的部分中，我们已经看到，使用措辞谨慎的产品特点主张，将极大地提高客户的记忆力和广告的说服力。现在，让我们进一步来研究词汇的影响力。

《牛津英语大词典》收录了约 17 万个英语常用词（法语常用词约 10 万个，中文常用词约 37 万个），而想要流利地说一门语言，只需掌握 7 000 个左右的单词就足够了。现在的问题是：特定的词汇或表达方式，会产生更大的说服力吗？

答案绝对是肯定的。

推荐与限制使用的词汇

- **使用简单、短小和具体的词汇**。由于原始大脑不参与语言处理的过程（语言处理的过程发生在大脑皮层），所以务必使用四五岁孩子都能理解的词汇，避免使用需要进化认知功能才能理解的复杂词汇以使信息可以更广泛的传递[51]。短词（英文中只有单音节的单词）通常比长词更易被掌握和记忆[52]。以简化和提升熟悉度为目标，尽量不要让你的目标听众费脑筋[53]。

- **使用短句**。由乔治·米勒（George Miller）发起的研究表明，我们的工作记忆通常可以记住 7 位数字、6 个字母或 3~5 个单词[54]。

- **限制否定形式的使用**。心理学家纽兰（Nieuwland）和库珀伯格（Kuperberg）发现，大多数使用否定形式的陈述都会造成更强烈的大脑

活动，处理起来也更慢[55]。如果你被要求"不要去想象一头粉色大象"，你就不能"不去想象"这种动物！如果要处理双重否定，比如"你不能不思考"，就会产生认知负荷。

- **用积极的语言表达，但不要过度。**使用积极的词汇会给交流带来积极的情绪。但是过度使用积极的词语，如"极好的""优秀的""难以置信的"或"现象级的"，可能会被理解为一种欺骗策略[56]，反而会降低语言的说服力。

- **使用听众的专业语言讲话。**对医生听众，使用医学术语；对工程师听众，使用技术化表达。

在《言语改变思维》（*Words Can Change Your Brain*）一书中，作者纽伯格（Newberg）和瓦尔德曼（Waldman）推荐了 12 种说话策略，这些策略可以激发听众的深层同理心和对说话者的信任[57]。

- 放松；

- 专注当下；

- 培养内在平和；

- 提高积极性；

- 反思你内心深处的价值观；

- 唤起愉快的回忆；

- 观察非语言暗示；

- 表达感激；

- 热情地说；

- 慢慢地说；

- 简洁地说；

- 认真地听。

此外，你可以利用相似性原则，如果你知道或能推断出听众的情绪状态，使用最有可能迎合这种情绪状态的词汇，肯定会引起更大的兴趣。例如，如果你的听众有以下情绪，你可以采用相应的表达方式。

- 听众感到好奇，你可以用"保密的""秘密""坦白""隐秘的""不敢相信的""知情人"等词汇。

- 听众感到困惑，你可以用"犹豫的""困惑的""被操纵的""不诚实""迷失方向的""不知所措""焦虑的"等词汇。

- 听众感到时间紧迫，你可以用"瞬间""有压力的""被证实的""安全的""巨大的""截止日期""紧急的"等词汇。

- 唯一的例外是愤怒。听众感到愤怒时，如果你同样表现出愤怒，可能会导致听众和你争论，或者干脆离席而去。这可不是建立融洽关系的有效方式。

使用词汇的禁忌

- 不要使用听众可能听不懂的词汇。避免使用首字母缩写或术语，不要让你的客户混淆。

- 不要用"好吧""我认为""我相信""但愿""你懂的"这类没有实际意义的表达。这些词汇会稀释你的信息能量，分散听众的注意力，降低你的感召力。

- 如果你正在使用 PowerPoint、Keynote 或任何其他演示软件，不要阅读或重复幻灯片上的内容。人的阅读速度是说话速度的 2~3 倍，人平均每分钟能说大概 120 个单词（这里特指英文），而阅读速度大约是每分钟 250 个单词。因此，当你还在说幻灯片上的第一句话时，听众已经读完最后一句话了。在这种情况下，听众听到的信息和他们读到的信息是不同步的，这样会加重他们的认知负荷。

使用正确的语气

无论是谁，只要他能用正确的语气和我说话，我就会听从他。

——沃尔特·惠特曼（Walt Whitman），美国诗人

我们应该都有过这样的经历：一个亲密的朋友或亲戚打电话给你，只要听到"你好"两个字，你就立刻能感到是不是出了什么问题。说出这两个字所采用的语气传达了如此多的意思，以至于你能立马嗅出其中的不寻常之处。

人类的声音由声带产生的复杂声波组合而成，这些声波以不同的振动频率形成不同的声音。声音由喉部肌肉（喉部及周围的肌肉）以及舌头、上腭、脸颊、嘴唇、喉咙和鼻腔共同调节。研究人员克里斯蒂·勒德洛（Christy Ludlow）证实了大脑处理声音的复杂性。勒德洛揭示了皮层下结构（例如伏隔核——一组位于原始大脑的细胞）在产生和控制人类声音方面的关键作用[58]。加州大学旧金山分校的克莱尔·唐（Claire Tang）也揭示了位于颞上回的神经元的存在，这些神经元对音调的变化有特殊的回应[59]。语言学家称这些音高变化为韵律。通过音高的变化可以改变句子的意思。例如"约翰爱吃水果"用降调表示，意思是约翰而不是另一个人爱吃水果。如果音调平缓，"约翰爱吃水果"就表示约翰喜欢水果而不是其他食物。此外，句末的升调则表示一个疑问，比如"约翰爱吃水果？"

尽管长期以来，人们一直认为大脑使用复杂的机制在韵律基础上给句子增加另一层含义，但唐证实，这是一些特定的神经元对音调的变化的回应。大多数人不知道韵律神经元的存在，也不知道它们如何影响交流的含义。新加坡国立大学（Singapore University）的安尼特·施尔莫尔（Annett Schirmer）证实，说话者通过使用不同的声调创造出不同的情绪环境，改变了记忆对词语的编码方式[60]。

大量线索都是潜意识传达的，这就是为什么演员需要在表演时让声音听起来"真实"。当你的语言、语调、面部表情、眼神交流都能传达出积极的信息时，证明你是一个值得信赖的信息来源时，你的交流才会显得真诚。

人类的声音有几个特征参数，具体如下。

- 音高：高频率或低频率；
- 音强：声音大小；
- 语速：慢或快；
- 节奏：韵律；
- 停顿：短或长。

音高

研究人员发现，音调较低的男性更有吸引力，也更容易获得尊重并说服他人[61]。而对女性来说，高音往往更有吸引力，低沉的声音则被认为更具支配力。这可能与进化有一定的关系，因为女性在繁殖力旺盛的排卵期荷尔蒙发生变化会导致声音的音调升高[62]。对男性来说，低沉的声音与较高的睾丸激素水平有关，这意味着健康，良好基因以及抵御威胁的能力，所有关乎生存的性感和原始特征的能力。

伊利诺伊大学的社会心理学家乔伊·程（Joey Cheng）开展了一项实验，实验中 121 名学生试图互相影响。实验证明，无论男性还是女性，降低音调都会增加影响力[63]。

因此，我们建议说话的时候，只要不会引起尴尬，就尽可能地放低你的声音。

音强

研究人员发现，有权力的人往往说话声音更大，而且他们的声音强度变化更大[64]。

我们建议你说话的声音比你的听众的声音稍微大一点，并不时改变你的音量。

语速

南加州大学的研究人员发现，说话速度和影响力之间存在相互关系[65]。他们指出，语速快的人在争辩中更可信，并能强化说服的影响效果。这种观点与吉布森（Gibson）、埃伯哈德（Eberhard）和布赖恩特（Bryant）[66]的研究发现相左，他们指出：在某种条件下，说话速度慢反而可以加深听者的理解。

我们建议你比常人说话速度快 20%，但避免过快，以免让人感觉你太过固执己见。

停顿

正确的话也许有效，但在正确的时间点停顿也同样有效。

——马克·吐温

专家们就演讲中停顿的效果做了大量研究。泰勒·肯德尔（Tyler Kendall）写过一本以语速、停顿和语料社会语音学等为主题的书[67]。

停顿在不同的背景下有 4 种典型应用：

- 在一段长发言之后；
- 呼吸的时候；
- 思考的时候；
- 提供一个机会，让其他人发言。

利兹大学的研究人员发现，每段话间加入停顿会加深听众对讲话内容的理解[68]。其他研究[69]也显示，相较于对话的欺骗性，停顿会让对话的真实性更强。因此，好的劝说者会在他们讲述过程中不同的点，进行恰当时长的停顿。

变化

彼得森（Perterson）和坎尼托（Cannito）的研究[70]证实了宣传提案、语速和音量的重要性。该研究还显示，这些特征的变化可以进一步增强沟通的有效性，从而促进销售量增长。为了有效说服，你需要让你的声音、语速、停顿的长度，甚至你的提案有所变化。

干扰

空气动力学研究实验室的研究人员发现，如果两个人同时讲话，听众的理解力就会下降。这在很大程度上是因为，听众难以获得节奏和声音特征信息，所以无法根据对方说的话建立意义联系[71]。因此，任何像交通噪声那样的背景对话或外界噪声，都会对人听取和理解信息的能力造成影响[72,73]。所以，要确保听众在完全无干扰或最小干扰的条件下交流，特别是避免外部噪声。

声音呼应

呼应听众的声音有很多好处，包括让人产生一种你更可信、更合乎情理，以及更善解人意的认知[74]。

当你表述的内容与声音情绪不一致时，会对听者造成困扰[75]。想象一下，如果你的一位亲属大声对你喊"我爱你"，你会怎么想。因此，表达悲伤时，就要声音低沉；表达喜悦时，那你的声音就要多些起伏。

最后，注意在某些文化中，如日本或菲律宾，这些国家的人们比美国人更关注声调而非用词[76]。但是，还有一些人在语言上无法流畅表达，他们则不能察觉出音调的变化。

使用正确的肢体语言

我用两种语言表达：身体语言和英语。

——梅·韦斯特（Mae West），美国女演员

从事非语言研究的戴维·吉文斯（David Givens）博士认为："当我们说或听

的时候，我们的注意力在词语上而非身体语言上，但我们的意识判断却是基于两者进行的。我们总是关注意识层面的交流，实际上潜意识层面也会对我们的判断产生积极或消极的影响。"

回想一个通用的胜利手势：将手臂举过头顶。费城文化研究和分析中心的玛格丽特·金（Margaret King）指出："手臂高举唤起胜利的喜悦是古老的传统。我猜测这种传统源于一次成功的猎物猎杀。今天我们依旧会使用肢体语言表达自己，因为我们在进化为人类之初，这样的大脑工作方式就已经形成了。"事实上，手势是受原始大脑控制的，这也解释了为什么手势是动物王国通用的交流形式。

面部表情

美国人的语言表达需要大量的面部表情。

——奈·迪马科（Nyle Dimarco），美国男演员

本书前面提到的保罗·艾克曼是一位享誉世界的人类情绪和面部表情研究专家，他识别出 8 000 多种人类面部表情[77]。基于人脸控制点的各种变化，艾克曼设计出一套测量人类情绪的系统。例如，图 8-28 所示的变化显示快乐的情绪。

图 8-28　面部解码

我们将一些情绪称为微表情，它们通常只显现不足 1/25 秒。但这些表情非

常重要，因为人们无法隐藏这些表情。它们能暴露出听者的情绪状态，包括他将要使用的隐瞒真实情绪的方式。艾克曼还展示了笑容如何改变大脑的电磁活动[78]。面部表情的影响如此强大，以至于面对机器人做出的眼眉、眼皮和下巴的机械动作，你的大脑都会做出如同面对真人时的相同回应[79]。

为了展示原始大脑是如何与面部识别相联系的，曹（Tsao）和常乐（Le Chang）识别出能引起特定面部特征的神经元。他们发现有 205 个神经元负责面部识别，这些神经元位于大脑两个不同的区域。在一个实验中，他们通过解码猴子看到一些灵长类动物的脸后发生的特定神经元活动，重构了猴子看到的面部影像：通过这些影像，研究者几乎都可以认出那些灵长类动物的原型[80]。

这一实验证明，灵长类动物和人类只需要数百个神经元，就能轻易识别数百万张不同的脸。

↘ **推荐的面部表情**

- 照镜子练习。除了生气之外的所有表情，照镜子练习会帮助你与观众建立积极友好的关系。

- 微笑！自然的微笑！专家称之为杜乡式微笑（Duchenne smile）。根据艾克曼的研究，真笑和假笑之间的主要区别在于眼轮匝肌的张开程度。

- 放松面部肌肉（全部 43 块）。首先，收缩几块肌肉微笑，然后皱眉，这样会消除疲劳感。其次，因为听众大脑中存在镜像神经元，如果你笑得时间足够长，它们也会同你一起笑。德国慕尼黑大学的斯特拉克（Strack）、马丁（Martin）和斯特普尔（Stepper）向我们展示了人的面部活动如何影响他们的情绪反应（1988）。实验中，他们让被试观看卡通片，然后评估这些卡通片的有趣程度。通过让被试用嘴叼住笔，迫使他们的面部肌肉做出类似人们微笑时的变化。实验显示，被试在被动微笑的情况下，更倾向于给卡通片打高分。

↘ **面部表情的禁忌**

- 不要假笑，因为听众的原始大脑会察觉到那不是真笑，从而认定你不真
  诚。这样做会适得其反，比你不笑还要糟糕。

为了成为一个优秀的说服者，你需要多调动眼部周围的肌肉，同时限制颧骨
周围肌肉的收缩，这部分过度收缩看起来很像假笑，要多展现杜乡式微笑。这需
要练习！

握手

以色列魏茨曼（Weizman）研究所的神经生物学家发现，握手是传递社交化
学信号的重要方式之一。握手的人会将对方的手拉近到身边，并闻对方。握手是
进化的需要，这样做目的是了解对方，现代人用握手取代了更为尴尬地互闻社交
方式[81]。

雪佛莱（Chevrolet）在 2010 年的英国推广活动上，询问心理学教授杰弗
瑞·贝蒂（Geoffrey Beattie），如何解码最佳的握手：完美握手（PH）是"给客
户提供内心平静和确信"。贝蒂提供了下面这个公式。

$$PH = \sqrt{(e^2 + ve^2)(d^2) + (cg + dr)^2 + \pi\{(4<s>2)(4<p>2)\}^2 + (vi+t+te)^2 + \{(4<c>2)(4<du>2)\}^2}$$

式中：

e 是眼神接触（1 = 无，5 = 直接）；

ve 是言语问候（1 = 完全不恰当，5 = 完全恰当）；

d 是杜乡式微笑——眼睛和嘴部都在微笑，并在脸部双侧对称，慢慢展露（1 =
完全不是杜乡式微笑［假笑］，5 = 完全杜乡式微笑）；

cg 是握紧程度（1 = 非常松垮，5 = 紧握）；

dr 是手掌干爽程度（1 = 潮湿，5 = 干爽）；

s 是力度（1 = 弱，5 = 强）；

p 是手的位置（1 = 靠向自己身体，5 = 对方的近身区域）；

vi 是气势（1 = 太低或太高，5 = 中等）；

t 是手部温度（1 = 太冷或太热，5 = 中等）；

te 是手部纹理（5 = 中等，1 = 太粗糙或太光滑）；

c 是掌控（1 = 低，5 = 高）；

du 是持续时间（1 = 短，5 = 长）。

尽管握手的规则因国家而异，例如在日本等地区鞠躬是社交规范，但握手的演变意义在于证明双方都没携带武器，因为这是双方首次接触的期望。聪明的说服者会激励自己学习正确的握手方式。

↘ **推荐的握手方式**

- 互动过程中保持双方直视彼此。

- 从热情的口头问候开始。

- 露出杜乡式微笑。

- 将你的手掌靠近对方拇指，完全紧握对方的手。

- 确保你的手掌干爽，纹理适中：既不要太粗糙，也不要太光滑。手掌温暖。

- 判断一下对方的力度，应以相应的力度回应对方的紧握。

- 握手时上下摆动几下，不要太剧烈，也不要软弱无力。

- 持续时间要适应场合：如果你与一位国家元首会面，还有媒体在场，则需要握手较长的时间。

- 保持身体重心在两腿之间。

- 保持你的肩部与对方肩部平行。

↘ **握手的禁忌**

- 紧捏对方手指或翻转其手掌：这是支配对方的迹象。

- 双手握手：这表明你太急于建立关系。

- 伸出汗湿的手掌：这是紧张的迹象。先擦干净手！

- 手掌冰冷：如果你不想被认为是一个"冷"的人，首先把手温热。记住，原始大脑从字面上理解事物，它会简单地认为：冰冷的手＝冰冷的人。

眼神交流

只要你和他人眼神接触，他们就会感觉自己受到尊敬并且也值得尊敬。

——玛丽·兰伯特（Mary Lambert），美国音乐家

有很多关于眼神接触的文章认为眼神蕴含着诸多意义，因此一些专家称之为眼神交流。功能成像研究表明，眼神接触可以调节社交大脑的活动[82]。所有儿童都会使用眼神接触来吸引成年看护者的注意，获得喂养和照料，从而增加生存机会[83]。在西方，眼神接触太少会被人认为有距离感、冷漠和缺乏情商。保持眼神接触会在大脑中引发一种靠近反应，这是一种直接的互动邀请[84]。另外，避免与人眼神接触会引发撤退反应[85]。这种回避会被对方解读为你有所隐藏或在说谎[86]，也可能是社交焦虑[87]，两者都无益于建立进一步的社交联系。

然而，当眼神接触过多，成为一种凝视时，就可能变成一种具有优越感和侵略性的支配行为。对原始大脑来说，这就像一场博弈游戏。因为恐惧主要是通过眼周肌肉传达的[88]。如果你遇到一只大猩猩或熊：建议你不要直接与它进行眼神接触。

纽卡斯尔大学的研究人员以一项具有启发性的实验来强调眼睛注视能产生的社会效果。他们将大学的一间办公室布置成一个自助饮料区。所有商品都明码标

价，桌子上放了一个"捐赠箱"。他们实验的重点是在咖啡和茶水摊上方增加放置不同的图片，每周更换一次。这些图片的内容从中性（如鲜花）到各种男性和女性的眼睛，它们被摆放在直接对着来咖啡货架的人的位置。虽然咖啡间的布局决定了不会有人发现那些不愿捐赠的人。但是几周平均下来，人们在眼睛注视的图片下付的钱是在花朵图片下的 2.76 倍[89]。

其他研究也表明，眼神接触能提高信任，鼓励亲社会行为[90]。

大部分的眼神交流都低于意识阈值。不要低估眼睛与原始大脑沟通的程度。想想看：人们看到一位女性的两张照片，两张照片唯一的区别是，其中一张里，这位女性的瞳孔被软件放大了。在这种情况下，70% 的观众认为瞳孔放大的女性更有吸引力，却很少有人能指出瞳孔扩张才是两张图片差异所在。芝加哥大学生物生理学家埃克哈德·赫斯（Eckhard Hess）率先开展了瞳孔计量研究，现在瞳孔计量已被用作情绪指标。多数眼动追踪设备都能报告瞳孔的大小和它在极短时间内的收缩情况，这使得测量微情绪成为可能，因为通常传统观察无法捕捉到这些变化。应该注意的是，瞳孔扩张并不是意识可控，俗语说的"眼睛是心灵的窗户"是有科学道理的。

此外，研究人员还发现，瞳孔扩张的女性对男性更有吸引力[91]。

密苏里大学一项由戈德曼（Goldman）和弗迪斯（Fordyce）[92]进行的研究显示，眼神接触、身体接触和声音表达，会影响测试对象帮助陌生人的意愿。更强烈的帮助行为与声音表达、眼神接触和身体接触相关，但有一个例外：当眼神接触与身体接触结合使用时，帮助行为就会受到抑制。这表明，将这两种条件（眼神接触和身体接触）结合在一起，意味着在对人施加影响的强烈意愿，而正如我们所知道的那样：当说服者不知道自己正在被说服时，说服效果会更好！

人们一直认为，我们识别他人的最重要特征是他们的眼睛。然而，麻省理工学院萨德尔大学大脑与认知科学系的萨德尔（Sadr）和贾鲁迪（Jarudi）的研究[93]表明，眉毛在识别人脸方面发挥着关键作用。

↘ **推荐的眼神交流**

- 与你的沟通对象保持至少 4 秒的眼神接触。

- 仅在句子结尾或概念表达结束时才中断眼神接触。

- 如果你在寻找一种浪漫的关系，那就调低光线，这样你的瞳孔会放大，会让你看起来更有吸引力。

- 根据当地的社会规范对这些建议进行微调：在一些亚洲国家，如日本或韩国，过于强烈的眼神接触被认为是侵略和粗鲁的表现。事实上，这是原始大脑通用性质的唯一例外，即社会规范支配原始规范。

↘ **眼神交流的禁忌**

- 如果观众发现你的眼神接触不真诚，效果就会适得其反。不要盯着看，也就是说，你的眼神接触需要真诚、善良和自然。

你的表达需要配合正确的身体姿势和动作

挺直站立。挺拔与畏缩的区别完全就在于内在姿势。这与身高无关，也不需要任何花费，而且更有趣。

——马尔科姆·福布斯（Malcolm Forbes），美国出版商

很多关于肢体语言的书指出："非语言的表达方式影响着人们对我们的看法。"这说明，控制语言的神经网络也同样控制着我们的肢体表达[94]。

一些研究发现，将身体姿势与演讲者的自信联系起来，能够强化演讲者给听众留下的印象[95]。哈佛大学的卡迪（Cuddy）甚至指出："非语言沟通控制着人们对自己的看法。"虽然卡迪的研究一直受到争议，但她的 TED 演讲仍然是最受关注的 TED 视频之一[96]。卡迪建议，当我们采取一种高能量姿势时，比如在庆祝胜利时高举手臂，仅需几分钟就能改变我们与人互动的结果。另外，当两个人相互喜欢时，他们会自然地模仿对方的姿势、面部表情和身体动作[97]。

↘ **推荐的身体姿势**

- 如果你站着，可以采用所谓的高能量姿态，从原始大脑的角度向自己提供能量暗示。

- 站立时挺直后背，抬头。

- 身体重心放在两腿之间，脚指向观众，并保持与肩同宽。

- 确保观众看到你的手掌，手中没有武器。

- 如果你坐着，坐直，不要懒散地坐着。

↘ **推荐的肢体动作**

- 合理使用尽可能多的空间：能量大的人拥有的空间也大。

- 身体姿势和话语目的要一致，动作要同步。例如，如果你说："她进了一个很大的房间"，将双手打开，这样会进一步强调房间"非常大"。当你说出词语"非常大"时，要确保动作也同时表现出来。

- 就像你想要改变音调和音强一样，你的身体语言也要做出各种变化。通过反差，帮助观众保持投入和专注。

↘ **你和你的整套装备**

- 听众在几秒内就会基于你的外表和着装对你的风格、才智、可爱程度和可信度形成认知定式，对此他们自己几乎意识不到。

斯坦福大学法学教授德博拉·罗德（Deborah Rhode）在《美的偏见》（*The Beauty Bias*）一书中指出，人们认为有魅力的学生更聪明。漂亮的老师得到的评价也更好，有吸引力的工人赚得更多，外表出众的政治家能获得更多的选票[98]。

意大利的研究人员开展了一项研究，他们向 1 500 个工作岗位发送了 11 000 份简历。报告显示，在具有同等资历的情况下，有魅力的女性被通知的概率为54%，而缺乏吸引力的女性则为7%。有魅力的男性被通知的概率为

47%，而缺乏吸引力的男性则为 26%[99]。经济学家丹尼尔·哈默梅什（Daniel Hamermesh）指出，一个英俊的男人在职业生涯中的收入比缺乏吸引力的同行高出 23 万美元[100]。甚至还有一项关于美貌的经济学研究，就叫"美貌经济学"（pulchronomics）。

这可能看起来很不公平，但是当你考虑到美貌（即更优良的基因）意味着更健康，而更健康又会带来更好的生存机会时，就能理解为什么我们的原始大脑会下意识地相信这些人更具优势。

要成为有效的说服者，需要挺直站立，可能的话穿高跟鞋（显得更高），保持良好身材，修饰得体，避免乱糟糟的头发，女性要化职场淡妆，无论男性、女性都应穿着职业装。

创意

> 由简单变复杂，只是平庸；由复杂化为极简，才是创造。
>
> ——查尔斯·明格斯（Charles Mingus），美国音乐家

创意对信息效果的影响早已广为人知。印第安纳大学的罗伯特·史密斯（Robert Smith）和杨霞（Xia Yang，音译）等研究人员专门研究创造力如何提升信息的有效性。

创意在信息中处于核心地位，它的好处有两点，即简化和独创性，两者都会吸引原始大脑。所有说服者都在努力吸引受众的注意力，如果你的信息没有一点创意，就无法给受众提供足够的反差。这样，你也许还没开始营销就被淘汰了。

苏格兰阿伯泰大学心理学教授克里斯·沃特金斯（Chris Watkins）证实，更有创造力的人被认为更具吸引力，因此他们的感召力也更强。

反对使用创意的人们的主要观点是，想出创意要耗费时间、精力和努力；人

们常常要花几小时进行头脑风暴，才能想出一种简单而有效的创意。好消息是，有一条通往创意的捷径，这就是多样化（variety）。

多样性是创意的捷径

多样性会创造一系列反差事件，帮助原始大脑保持关注。

除了发挥创意去创造自己的风格，比如毕加索（Picasso）、雷·查尔斯（Ray Charles）或史蒂夫·乔布斯，你还可以借鉴以下多样性方式来增加创造性。

- 尽量用图片或视频代替文字：记住原始大脑是视觉主导的。
- 使用不同媒介。例如，在使用 PowerPoint 演示文稿时，还可以借助翻页纸或白板来展示一个想法或讨论一个复杂的概念。
- 改变字体、字号或文字颜色。文本的可读性会影响读者的专注程度和意向，一些研究已经确定了有哪些字体，在哪些颜色背景上，在印刷品、PowerPoint 演示文稿还是网页上更方便读者处理信息。下面几种英文字体，如 Georgia、Helvetica、Verdana、Gill Sans 和 Arial，在大多数情况下都是安全的选择[101-103]。

激情

没有激情，世界上就没有伟大的成就。

——格奥尔格·黑格尔（Georg Hegel），德国哲学家

问：下面这些人有什么共同之处？

- 斯蒂芬·霍金（Stephen Hawking）：理论物理学家兼宇宙学家
- 汤姆·布拉迪（Tom Brady）：美国美式橄榄球职业运动员
- 梅里尔·斯特里普（Meryl Streep）：女演员

答：他们都对自己所做的事充满激情。

基于情绪传染的理论，慕尼黑的研究人员发现，企业家对发明和开发的热情对员工有积极的影响[104]。

虽然激情是无形的，但受众的原始大脑能通过语言、声音和肢体感受到。有些很难注意到的细节，比如演讲速度略有加快，介绍结束时音调提高，皮肤轻微发红，瞳孔适时放大等都可能是激情的表象。这些也许不会引起听众理性大脑的注意，但会向原始大脑发送信号，表明演讲者是一个"充满激情"的人。

推荐你这样做，提升激情呈现力

- 学会判断自己的激情水平，避免在缺乏激情的时候进行重要的交流，比如在疲惫的商务旅行或发生了令人沮丧的事件之后就不适合进行重要的交流。

- 与充满激情的人为伴。既然激情是有感染力的，那就选择充满激情的伴侣，借此提升你的激情呈现力。

- 做你热爱的工作。当你热爱你所从事的工作时，受众自然会感受到你的热情。学会爱你所拥有的，而不是你想要的。

- 没有激情过剩这回事，所以要学会用一种新颖别致的方式，用自己的风格来表达激情，这将帮助你提升个人魅力。试着从马丁·路德·金、甘地、史蒂夫·乔布斯等优秀的沟通者那里获得灵感。

表现激情的禁忌

- 不要假装。一个专业的演员在表演哭泣时，需要调动所有的面部肌肉、调整声音语调和姿势，以更好地传达悲伤的情绪。在表现激情时，只要发生很小的失误，观众就会察觉你的激情可能不那么真实。这会让你失去他们的信任。

不怯场

你总是有两个选择：努力或退缩。

——小萨米·戴维斯（Sammy Davis Jr.），美国艺人

就像激情可以通过你的语言、音调和肢体动作下意识地传达给观众一样，惧怕也是如此。莉莉安·帕罗迪（Lilianne Parodi）的研究表明，当暴露在可怕环境中时，仅是人的气味就会引起原始大脑的杏仁核活动增加[105]，更不用说身体流露出的其他有意识或下意识的信号。你的受众甚至能察觉你的恐惧！你行为中的任何恐惧迹象都会立即被他们的原始大脑发现，并被翻译为危险信号。

根据一份著名的令人恐惧的事物排名表，当众演讲是美国人的最感恐惧的事（41%的受访者表示有此类恐惧），此外，紧接着的是恐高、虫子、财富损失，而死亡只排名第7位（19%的受访者表示有此类恐惧）[106]。

舞台恐惧症是与公众场合演讲或表演有关的一种恐惧，在舞台表演时，人体会释放肾上腺素从而激活交感神经系统，引发一系列反应：心跳加速、口干、血压升高、脸红、出汗、呼吸急促、头晕和恶心，这是一种被称为战斗或逃跑综合征的身体反应。此时，仅仅在脸上，就会呈现以下反应。

- 上眼皮上提；
- 下眼皮拉紧；
- 眼睛睁大；
- 鼻孔张开；
- 嘴张开。

所有这些迹象都会被那些"虎视眈眈的好事者"迅速察觉，并转化成挑刺的机会……你当然不想流露任何恐惧的痕迹，比如对交易的担心或对自己信心不足等。

关于控制恐惧的建议和禁忌

- 如果你有舞台恐惧症或者在舞台上特别紧张，你就需要打破产生恐惧的循环。你的原始大脑会这样行事：我的心跳加速了，周围一定有威胁，身体必须做好战斗或逃跑的准备，因此需要提高心率。一旦开始感觉到心跳加速，你就应该深呼吸，增加氧气摄入，恢复正常的心率；你还应该说服自己这只是场演讲……即使这是一次难得的机会，即使你面前有200万名观众，这也只不过是一场演讲，你面前并没有威胁生命的老虎。你要做的是深呼吸，这样有助于控制恐惧情绪。

- 第二种控制怯场的方法是冥想练习。重要事件前的几天或几周，你可以采用一些简单的技术，做简短的冥想练习：想象自己登上了舞台，有人把你介绍给观众，你进行演讲，观众们起立鼓掌。尽可能在你的脑海里呈现更多细节，如谁会介绍你，演讲大厅的方位、形状和色彩，观众的脸，演讲的所有元素等，总之，让原始大脑识别一个熟悉的、无威胁的环境。事前多次重复这样的练习。这样在演讲当天，小小的紧张情绪就不会升级到令你完全崩溃的程度，因为你的原始大脑会认为："我认识这个地方，我来过这里很多次，没有什么值得担心的，因为我知道结束时观众们会起立鼓掌。"如果你曾怯场或你曾感到极度紧张，试试这种方法吧！

- 练习，练习，再练习。首先，练习帮助你记住演讲内容，让你专注于音调和身体语言。其次，熟练掌握演讲内容有助于建立信心，减少可能引发舞台恐惧症的紧张情绪。你的表现会更自然、更轻松，更富感召力。

- 在行动上给自己设定要求，但在心理上给自己减少负担。做到最好，不要担心眼前结果，这不过是生意，远不到生死攸关的境地！

- 许多专业的公众演讲者（包括克里斯托弗和我）指出，轻度的紧张反而会提升他们的表现力，会让他们的思维更加清晰。一旦他们把紧张的情绪转化为兴奋的情绪，观众会将其视为一种激情的表现！

恐惧作为一种应对威胁的表现，是伴随着人类自身的进化而来的，过去曾保护过我们。然而，在今天的商业世界里，它的作用适得其反。有感召力的主持人会通过刻意练习消除恐惧的迹象。

诚实

小事上无视真实，要事上就无法得到信任。

——阿尔伯特·爱因斯坦，物理学家

你是否意识到，当有销售人员问你"需要什么帮助吗"时，问题很简单，但问题背后你的态度很复杂：对方真的诚实吗？他是否真的愿意提供帮助，还是随便客气一下？在听到这句话的 400 毫秒内，你的原始大脑就已经下意识地做出决定——是否足够喜欢这个人，然后采取接下来的步骤。如果这人善于沟通，他肯定会和你保持眼神接触，并用友好的声音再次询问这个问题，但即使衡量过他的各种魅力变量之后，你的大脑还是会产生疑问：这个人是否值得信任，他是否诚实？

研究人员发现，大脑能有效识别谎言。他们还指出，原始大脑在下意识地发现欺骗作为方面，比理性大脑有意识地发现欺骗更有效[27, 107]。

你需要做到真实

- 坚持真实，且只坚持真实。不要在这点上有任何侥幸心理。许多销售人员总是很轻易地就说："是的，我的产品完全可以做到。"但是，如果事后证明这不是真的，你就会立即失去客户的信任。
- 如果想强调你的产品品质，你应该在承认缺点或缺陷之后，再做出品质声明。根据西奥迪尼[108]的说法，如果先提出缺点，人们会更愿意相信这种声明的真实性。

- 说实话的好处：它会降低你的认知负担。从事欺骗行为研究的英国研究人员指出，那些被要求撒谎并要令人信服的人们会表现出认知过载的迹象，比如忘记一些细节，眨眼比正常状况下少等[109]。受众的原始大脑很可能会发现这些迹象。

要判断感召力，上述研究非常具有启发性。你说了什么不如你怎么说重要。你可以考虑参加表演课，提高声音表达和肢体语言表达的技能，这对提高说服效果最为有效！你可能已经意识到，要不假思索地做到这一点，还需要大量的练习。你的目标不是专注于正确的姿势、眼神接触或面部表情；相反，你需要将全部脑力集中在突出论点上，并迅速抓住受众的反应，这样你才能实时调整！最具魅力的人会即兴发挥，即使面对最困难的、根本没做准备的问题，也会给出完美的回答。如果你还没做到，那就练习，练习，再练习！

运用反差

一切都是相对的。

——阿尔伯特·爱因斯坦，物理学家

前面我们谈到了 6 种原始刺激之一——反差。反差是一个重要的概念，与情绪相似，它能对原始大脑产生刺激，也是说服的催化剂。如果在说服中加入反差，任何说服因素都可以得到增强。例如，你可以用某个特点来说明主要竞争对手可提供的收益或其产品的特性，然后用另一个特点使自己的产品与对手产生反差，反衬出自己的优势。同样，你也可以通过迷你剧强化影响，先表现目标受众之前生活中的痛苦，然后通过角色扮演表明采用了你的解决方案后，他们生活上的改变。

可运用以下反差手法突出解决方案的优势：

- 事前事后对比；

- 与竞争对手相比；

- 现在而非以后才有效。

多元教学模式

你告诉我，我忘了。你教我，我记住了。只有让我参与，我才能学会。

——本杰明·富兰克林（Benjamin Franklin）

发明家、科学家、作家、政治家、博学家

还有什么方法可以增强说服因素的影响呢？不妨试试不同的教学模式。几十年来，教学模式问题一直是教育领域热议的话题之一。热议是因为：

- 美国政府在教育上投入了数十亿美元；

- 教师们所知道的领域与学生真正想学的领域之间差距逐渐扩大，前者正在遭受挫败；

- 许多人认为网络正在改变年轻一代的学习方式。

同样，营销人员也在不断寻找更有效的方法来吸引目标受众的注意力，并确保他们的信息被理解和记住！

教学模式的科学原理

有3种教学模式可以使你的信息更易被大脑处理。

- **视觉：** 如果你想教某人"猫"的概念，你可以给他们看一张猫的图片。

- **听觉：** 你可以通过谈论一只四条腿的、毛茸茸的、驯化的食肉哺乳动物来教人们有关猫的知识，该只哺乳动物喜欢老鼠，体重约10磅。[①]

- **触觉：** 要教人们关于猫运动时的感觉，你可以抱一只猫给他们，这样他们就可以触摸它，与它玩耍（运动感知）。

长期以来，神经语言程序学（Neuro Linguistic Programming，NLP）专家们一直在讨论使用优先教学模式以达到更有效的沟通。NLP声称，神经过程（神经）、语言（语言学）和通过经验学习的行为模式（训练）之间存在联系。尽管NLP的科学基础备受质疑[110]，但今天仍有许多人遵从NLP的框架方法。

尽管存在争议，我们还是建议使用3种教学模式来表达你的信息。大多数销售消息（特别是电子邮件、宣传册和演示文稿）仅仅使用视觉渠道，因为没有考虑宣传的概念或产品的性质，很多销售广告完全得不到受众原始大脑的关注。

一般的营销做法都是用幻灯片进行演示。虽然其中会使用一些图片，但95%的概念通常是以文字形式表述的。

现在，让我们回到描述猫的三种方式中，想象一下，如果只让你听一段关于猫的描述，那你对猫的了解是多么的有限。这与观察一只猫（视觉）、触摸并与它玩耍（运动感知）以及听到它叫（听觉）的综合体验形成对比。研究人员已经证实，与单纯的听觉呈现相比，物体的视觉呈现（无论是否同时呈现听觉信息）会让人产生更深刻的回忆且更利于信息检索[111]。这就是原始大脑对视觉通道的偏好。

此外，还有以下这些重要的问题需要考虑。

大多数可视化并不可视

如图8-29所示，Linux是一个开放源码的操作系统，人们可以自由地使用它，并对其进行开发。

---

① 约合4.5千克。——编者注

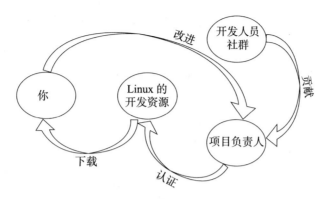

图 8-29 Linux 视觉信息

我们通常用眼睛向大脑输入信息（包括文字），因为圆圈和箭头属于视觉形状的范畴，所以大多数人认为这类图形多用于视觉形式。但在实际过程中，解码文本会最先涉及听觉皮层和前额叶。此外，圆圈和箭头的确提供了一个不错的结构图表，但并没有传达一个可以帮助观众不用消耗太多认知能量就能快速理解这个概念的视觉隐喻。要想快速理解这样的图表，读者还需要投入大量的认知努力，即需要许多视觉皮层之外的大脑区域参与。将此图与同样来自 Linux 世界的图 8-30 进行对比。

虽然影像包含一些文本，但文本的数量明显少于前面的示例（只有 5 个单词，而不是 12 个），更重要的是，"Linux 服务"（Linux services）位于所有单词以及拼图的中心位置，在视觉上也表明，它是所有服务的核心，它与其他 4 个概念（发布、硬件、应用程序和内容）链接在一起。与前面的例子相比，理解这个图（即使你对 Linux 世界全然陌生）所需的认知努力要少一些。

图 8-30　Linux 拼图

神经地图的益处

如果你开始将"神经地图"应用到宣传中，你的信息无疑会更容易被受众理解和记住。理解 + 记住 = 学会。神经地图的益处有以下几点。

- 用一个特点作为抓取器，吸引受众视觉和运动感知。
- 从定义上说，大图形是以视觉形式出现的。
- 产品特点主张能提供听觉吸引力，神经图标提供视觉刺激。简化产品特点主张，避免受众产生认知过载，因为一旦出现认证过载，受众的原始大脑就会混乱。

多感官销售

在营销中使用多种感官刺激或者说多感官营销，已经成为主流[112]。例如，耐克发现，在店中引入香味会增加 80% 的购买意向[113]。旗下拥有多种名酒，比如添加利（Tanquery）、斯米诺（Smirnoff）、尊尼获加（Johnny Walker）、珍宝（J&B）等的帝亚吉欧（Diageo）表示，在多感官环境上的变化会让威士忌的销售增加 20%[114]。

如果你在销售具香味的产品（食品、葡萄酒、香水等），想一想如何利用味觉或嗅觉信息进行宣传。许多化妆品公司就是这么做的，它们在杂志上添加香水留香（摩擦）片。如果你的价值主张涉及多个感官，请一定找到适宜的方法，改善消费者的"整体"体验。

感官可以扭曲认知

大多数人认为，我们的感官能准确地反映周围的世界。然而，我们对世界的认知来源于感官对世界的体验，再由大脑对感官信息进行解读，此时必然产生感知与现实之间的错觉。图 8-31 用一个最古老的方法说明了这种错觉。

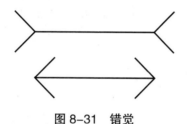

图 8-31 错觉

不管你如何努力地看这两条相同长度的水平线，你的大脑都会认为上面的那条更长。再比如，在图 8-32 所示的例子中，你认为哪个黑圈更大？事实上，两个黑圈的直径是一样的。

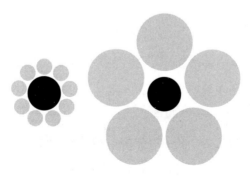

图 8-32 圆圈

最令人惊奇的错觉之一是麻省理工学院的爱德华·阿德尔森（Edward Adelson）的"棋盘阴影错觉"[115]。

大脑还没有进化到能够完全还原现实本来面目的程度，我们的认知在很大程度上是由原始大脑控制的，而原始大脑常常犯错。其中最令人惊奇的后果是，我们对一种感觉的认知会受到其他感官的影响。例如，视觉信息会影响味觉，听觉信息会影响视觉，诸如此类。

波尔多大学的弗雷德里克·布罗切特（Frederic Brochet）[116]进行了一项实验。布罗切特邀请了54位葡萄酒专家，并请他们分别品尝两杯葡萄酒：一杯是白葡萄酒，另一杯是红葡萄酒。专家们需要鉴别哪杯是红葡萄酒，哪杯是白葡萄酒。专家们并不知道，他们喝的其实都是白葡萄酒。而所谓的红酒是加了一种天然、无味的染料制成的。在视觉信息的影响下，其中一位专家甚至形容这款酒来自"碾碎的红色葡萄"。布罗切特做了另一个实验，他从两个不同的瓶子里倒酒：第一个贴着知名酒庄的酒标，第二个则为普通的佐餐酒。不出所料，品牌酒被描述为"口感润滑""味道均衡""层次丰富"，而普通酒则被称为"清淡""单薄"和"有瑕疵"。其实，专家们喝的不过是从不同标签的瓶子里倒出来的同样的酒。类似于自动续杯实验，我们的视觉渠道常常过度控制其他感官，正如我们前面所看到的，视觉刺激是对原始大脑的六个刺激之一，而它在我们的认知过程中发挥着支配作用。

想想以下情形。

- 咬薯片时的声音越清脆，人们就会觉得这薯片越脆。同样，人们将更大气泡声与更多碳酸物质联系在一起[117]。这意味着听觉和口腔中的触感对于认知食物起着重要作用。

- 背景音乐影响认知。有一项研究让30名志愿者品尝牡蛎，一种情况下，安排他们边听海浪的声音边品尝，另一种情况下安排他们边听其他声音边品尝。结果表明，在海浪背景音下，他们觉得牡蛎更好吃。

- 背景音乐影响购买。英国的一家商店在两周的时间里轮流播放不同的音乐，第一天播放法国音乐，第二天播放德国音乐。结果显示，在播放法国音乐的日子，它售出了更多的法国葡萄酒，反之亦然。然而，消费者并没意识到音乐的不同[118]。

《哈佛商业评论》报道说，让人们拿着暖垫，只需一会儿时间，他们的花费就增加了43%。这表明，温暖的感觉让人们认为环境更安全、更可信[119]。

约翰·巴奇写道："身体温暖和社交温暖之间的联系在人脑中是根深蒂固的。脑成像实验显示，这两种类型的温暖都会使大脑的一小片区域——脑岛对变得活跃，比如当触摸加热垫或发短信给家人和朋友时[120]。

《哈佛商业评论》的报告还指出，在一次关于新车价格的谈判中，坐在硬木椅上的人比坐在软垫椅子上的人出价平均低28%。这说明硬椅子会让人在谈判中更难协商。在这些研究中，被研究者甚至都没有意识到这些触觉对他们产生了影响。

想一想如何通过改变消费者的体验，给他们的原始大脑制造积极的刺激。

多元教学模式的推荐行动

- 首先，高效的说服者会采取与传达的概念相匹配的教学方式。不要仅靠讲述或播放视频，就试图教授网球或高尔夫这种动作技巧性很高的运动。你的受众需要打球的动感体验。

- 不能在视觉上过度交流。研究表明，图像呈现对任何学习者来说都具有优势，无论他们有什么学习风格偏好[121]。记住，原始大脑受视觉支配，所以你的信息越直观越好。

- 在缺乏真正视觉刺激的情况下，用一些词唤起视觉提示。例如，不要说"你听到我说的话了吗"，而是说"你看懂我的意思了吗"。注意我用了动词"看"。研究人员表明，唤起视觉对抽象句子的处理，不仅需要左颞叶参与，而且需要左顶内沟参与，而左顶内沟是视觉空间工作记忆[122]的区域。

- 类似地，我们可以推断，使用运动感知线索会激活负责驱动运动知觉功能的大脑区域。不要说"有了新的屏幕技术，消费者可以体验/达到/感受/满足/匹配/接触……"注意动词的选择意味着一种动感的联系。或者更好的是，确保消费者有机会接触这些新设备，以吸引他们的运动感知渠道。

- 在拿不准一个概念时，最好的方式是讲一个故事！确保你的故事使用了视觉、听觉和动感暗示。使用多元教学模式的另一个好处是，制造变化，形成对比，这种形式会更吸引原始大脑。

多元教学模式的禁忌

- 不要仅仅用语言来说服！

- 不要忽视那些你认为不相关的感官体验。让你的潜在客户坐在硬椅子上，听法国音乐或触摸一杯热乎的咖啡，都会对他们的购买体验产生影响。

总之，懂得利用原始大脑，可以解释大量复杂的、人们又常意识不到的现象。

激发情感

理性和情感的本质区别在于理性导向结论，而情绪引发行动。

——唐纳德·卡尔尼（Donald Calne），神经科学家我们之前已经了解到，作为 6 种刺激之一的情绪是如何驱动原始大脑的。也就是说，情绪可以增强任何说服因素的效果！

调动更多的情绪

比尔·盖茨在消除疟疾的宣传活动中不只是简单地谈论疾病造成的死亡人数，还在演讲厅放出了一罐蚊子！这产生了出其不意的效果，他触发了听众的一种强烈的混合情绪，这样的反应恰好支持了盖茨抗击疟疾的呼吁。

研究人员已经证明，强迫人们用理性大脑决策，降低原始大脑的参与，会导致人们做出令人不满意的决定。当人们有意识地对多个产品属性进行评价时，他们的判断力会降低[123]。在一项测试中，两组学生被要求对 5 种果酱进行评价，这些果酱由品评专家根据 16 种感官特征进行了评分。第一组学生被简单地要求对果酱进行排序，不用太多的思考。第二组被要求采用更为理性的方法，遵循一个逻辑过程评估颜色、质地、甜度、气味、黏稠度等。结果，与第一组学生的评价结果相比，使用理性方法的学生所做的评价，与专家的评价结果差别更大。

情绪影响行动的例子

- 欧洲每年有超过 4 500 名行人受伤，巴黎的道路安全事故发生率最高。市长办公室的策略是，利用强烈情绪警醒那些乱穿马路的人。他们具体是怎么做到的呢？他们在一条繁忙的街道上发起了一场名为"没有影响的影响"的运动，这里的人们过马路经常闯红灯。他们安装了一个精心设计的系统，该系统会发出刺耳的轮胎声，就好像一辆汽车马上要撞到行人一样。听到这声音，每个人都会僵住、尖叫或做出各种受到惊吓的表情。就在那一刻，相机会拍下他们的照片。为了提升受众的混合情绪，他们在街道另一边的广告牌上会把这些照片播放出来。

- 阿姆斯特丹希普机场的卫生间清洁人员苦于无法及时处理男性旅客尿在小便池外的情况，他们思考如何帮助旅客对准小便池。最后得出的方案是，他们在小便池内放置印有一只苍蝇的图片。客人的情绪从最初注意到一只苍蝇的意外，随之转为猎杀昆虫的原始快感，结果尿液溢出现象惊人地降低了80%[124]。

- 某地的广告商发现了如何利用情绪强调驾驶时看手机的危险性。一家电影院播放了一则广告，展示了一辆汽车行驶在乡村路上。接着，所有观众都收到一条短信，于是他们伸手到口袋里去取手机。突然，屏幕上那辆汽车撞上了一棵树。最巧妙的是，此时屏幕出现一行字："请注意行车安全。"[125]

请记住人的决策是由情绪驱动的，一旦定下信息内容，你就需要思考用什么方法传递内容，以激起人们强烈的情绪反应。

（1）专注于客户的主要痛苦。

（2）重点集中在3条产品特点主张上。

（3）展示有力证据，证明他们的收益。

精简信息

过量信息会导致注意力匮乏。

——赫伯特·西蒙（Herbert Simon），1975年图灵奖、1978年
诺贝尔经济学奖得主、认知心理学家和计算机科学家

传递的信息过多时，听者的记忆会迅速过载，使得大脑中的信息接收器产生困惑，变得不可靠。密苏里大学进行的一项研究表明，大多数听众很难准确地回忆出一句话中的10个单词。

研究人员还发现，不相关的讲话会打断神经的连贯模式，使听者难以理解真

正被传达的信息^[126]。

事实上，1/4 的认知偏差被归类为"信息过载"。作为一个有效的说服者，你应该只表达必要的说服信息，避免增加额外信息，否则会淡化核心信息或使之更复杂。

以下 3 个问题将帮助你决定是否需要保留某条信息。

（1）这条信息与受众的痛苦有关吗？

（2）这条信息是你独有的吗？它是否提出了产品特点？如果你销售的产品不具有独特性，那么你的广告信息同时也是在帮竞争对手做宣传。

（3）这条信息能证明你的价值吗？能在陈述中附加财务、战略或个人价值吗？能展示一些收益吗？

如果回答"否"，则应该删除这条信息。

你应该抑制介绍解决方案里所有功能和特点的冲动。相反，正如"神经地图"所建议的那样，你应该把信息集中在能消除客户痛苦的独特产品特点上，仅用 1~3 条产品特点主张表达出来，同时体现其收益价值即可。斯坦福大学和普林斯顿大学的研究人员巴斯塔尔迪（Bastardi）和沙菲尔（Shafir）^[127]开展了一项名为"对无用信息的追求和滥用"的研究，证明过多信息会降低我们决策的质量。

行为经济学家也研究了"选择过载"的问题，结论是选择过载通常会降低决策质量^[128]。虽然这些研究者在区分"信息过载"和"选择过载"两个概念上步履维艰，但好在关于选项层次结构的研究很快出现了，这一困局得以解决。

选项层次结构：精简的反例

研究人员致力于研究选项数量、描述属性的方式以及默认选项如何影响人们的选择。例如，研究人员注意到，器官捐献者的比例因国家而异，甚至在文化和

261

价值观相似的德国与奥地利之间也有很大差异。他们发现，差异变量在于默认值的设置。一些国家将器官捐献设定为默认退出（如美国或德国），导致有捐献意愿的人只占被调查者的 15%，而奥地利等国家将器官捐献设定为默认加入，所以有 90% 的被调查者愿意捐献。

在《怪诞行为学：可预测的非理性》中，丹·艾瑞里[129]指出，在某些情况下，更多选项反而会改变人们的选择。这是一个简单而有效的实验。艾瑞里注意到《经济学人》杂志的年度订阅服务中有以下 3 种选项。

选项 1：只购买网络版——59 美元。

选项 2：只购买印刷版——125 美元。

选项 3：购买印刷版和网络版——125 美元。

第二种选项似乎无关紧要，因为潜在订阅者可以以同样的价格免费获得互联网版本。

不出所料，当艾瑞里要求学生在 3 种选项中做出选择时，没有人选择方案 2；16% 的学生选择了选项 1；84% 的学生选择了选项 3。这样看来，是否应该把选项 2 删掉呢？

当然不！因为当艾瑞里要求另一组学生从以下两个选项中选择时：

选项 1：只购买网络版——59 美元。

选项 2：购买印刷版和网络版——125 美元。

68% 的学生选择选项 1，只有 32% 的学生选择了选项 2。艾瑞里把第一次实验中的选项 2 称为"诱饵"，因为它能吸引更多的人选择选项 3。

原始大脑的叙事结构

你可以轻松地使用 4 个信息要素，即抓住注意力、产品特点主张、收益证据和收尾，创建一种有效的叙事结构。每个段落长度取决于信息格式和传递条件。例如，对于面对面的演示，我们建议每段信息的持续时间控制在 2~3 分钟。如果你正在制作一则 30 秒的广告，每个信息元素应该持续大约 5 秒。一般来说，与处理计算机或电视上的信息相比，我们对面对面的信息传递更有耐心，这大概是因为人际互动传达的信息比设备传递的数字信息更能刺激原始大脑。

事实上，将面对面交流的有效性与以计算机为媒介的交流进行比较，研究结果清楚地说明了面对面交流更具优越性。例如，面对面需要的大脑能量更少，因为面对面交流时我们会调用更多的原始大脑参与信息处理[130]。

为了最大限度地提高信息的有效性，我们可参考表 8-1 提供的信息。

表 8-1　原始大脑对叙述结构的反应时间

传递形式 / 总长度		抓住注意力 强化解决个人痛苦的紧迫性	产品特点主张 （最多 3 条） 陈述独特的产品特点，解决痛苦	收益证据 （最多 3 条） 用可信、易于理解的证据	收尾 重申痛苦和产品特点主张
面对面演示	10~12 分钟	2~3 分钟	每条产品特点主张 1~2 分钟	每条证据 1 分钟	30 秒
电话	5~6 分钟	1 分钟	每条产品特点主张 1 分钟	每条证据 15 秒	15 秒
公司视频	2 分钟	30 秒	30~60 秒	15 秒	15 秒
商业广告	40 秒	15~20 秒	5 秒	5 秒	5 秒
网页 / 印刷广告	5~7 秒	2~3 秒	2 秒	1 秒	1 秒

先抓住客户注意力；随后，你应该介绍他们选择你的 3 个理由，即 3 条产品特点主张；之后，提供可信的证据证明你的价值。收尾时，你要强有力地、激情饱满地重复，你提供的产品能够解决客户的痛点。不要忘了为原始大脑优化信息

结构，让你的信息易于理解、易于记忆。此外，所有信息都应简洁。

关于精简信息的要点

- 如果需要为潜在客户提供各种选择，例如《经济学人》的订阅案例，你可以就"选项层次结构"进行更深入的学习，该领域受到了众多的关注，它可能为你的公司创造更大价值[124,131]。

- 如果你没有对选项结构问题进行设计，我们建议你不要给潜在客户提供"过量信息"。你应该精简信息，采用"痛点—产品特点主张—收益"的概念作为筛选器，仅保留那些具有说服力的信息。

本章要点

- 抓住注意力。一种简短但有效的沟通价值主张的方式。它更容易让受众将脑力集中在解决方案上，这可触发即时的情绪反应。

- 产品特点主张。说服受众购买或接受你的产品的三大理由。按照产品性质，不仅包括产品的独特优势，还要界定信息结构。在收益证据下，列出 3 条价值主张。

- 大图形。用简单图形说明你的产品、服务或想法如何影响潜在客户或受众的世界。可视刺激对原始大脑非常重要。你需要从鸟瞰视角呈现你所倡导的结果。

- 收益证据。原始大脑进化程度不高，而且容易产生怀疑，所以你应该提供简单有力的价值证据，量化每条产品主张的财务、战略和个人价值，并对比成本。无论解决方案有多么复杂，都将这些信息简化为一页的篇幅。

- 异议转化。仅运用逻辑并不能消除受众怕后悔的消极情绪，还需要通过信息的再构建，创建积极的情绪。

- 收尾。再次重复你的产品特点主张，并提问："你觉得怎么样？"等待他们的反馈，再问："我们接下来该如何做？"然后等待他们的反应。最有效的方法是触发受众头脑中的一致性定律，令他们沿着销售导向或心理连续性采取行动，接受你的解决方案或想法。

为了进一步提高这些说服元素的影响，可以使用一种或多种说服催化剂。

（1）讲述故事。它会把受众带入一个不同的世界，你可以利用点睛妙语引导受众的情绪。

（2）证据可信。使用最有利于说服的语言、音调和身体语言。

（3）用"你"交流。把受众放在行动中心，用语言中最具影响力的词——"你"。

（4）运用反差。通过更多反差提高说服元素的影响，比如前 / 后、竞争对手 / 你、他们的痛点 / 他们的收益。

（5）多元教学模式。选择最有效的方式传达你所介绍的概念。大多数人只用听觉通道，而你可以让你的信息更直观和更具动感。

（6）激发情感。人们出于情绪做出决策，然后进行合理化。调动更多的情绪来激发快速决策。

（7）精简信息。过多信息会导致混淆，少即是多，关注痛点、产品特点主张和收益，去除多余部分！

结论

说服密码的学习之旅

祝贺你！你已经完成了说服密码的学习之旅。说服是一个复杂的过程，而我们的目标是提供一个简单但科学的步骤，帮助你更有效地说服别人。最后，我们相信说服有助于你理解原始大脑，并与之沟通。神经地图提供了一条清晰的路径，让你从电子邮件、网站、宣传册、演示幻灯片甚至商业广告等信息中获得有效的价值。让我们回顾一下这次学习旅程中最重要的几个时刻。

在第一章中，你了解了基于大脑的说服模式及其说服效果。有了神经地图，你可以避免向客户、潜在客户、朋友和家人发送无效信息，也可以避免 A/B 测试的陷阱、灾难性的宣传活动或无聊的销售文稿演示。此外，你还了解到传统的营销方法无法洞察驱动说服的潜意识机制。幸运的是，神经营销工具提供了新的途径以收集大脑数据，从而客观地解释自我报告的神经过程。神经营销的战略价值在于它能够回答关键研究问题。因此，神经营销资金的投资回报率可以通过多种方式进行测量。这将大幅减少创建和发布无效信息时的资金浪费。更重要的是，它让你和你的组织更快地成长。

在第二章中，你会发现，你不需要成为神经科学家就可以理解和测量人们无意中表达的对某些信息的反应，这点特别重要。神经营销可以帮你找出大脑易于处理的信息，这让你在信息传递方面可以一劳永逸。你了解到大脑是一个复杂的器官，已经进化了数百万年。认知功能是在晚期进化的，而负责最基本的生存反应的神经回路是在早期进化的。在过去的 30 年里，大量的研究证实，情绪会影响我们决策。神经营销可以帮助公司测量人们对营销刺激的神经生理学反应。这些神经生理学反应源自大脑自主的信息加工，其中认知和情绪受到中枢神经系统的调节。现在有各种工具可以对大脑产生的数据进行测量，帮助我们理解客户对营销信息的反应。每种方法都可以单独提供重要的见解。然而，如果不同时测量大脑皮质层和皮质下的活动，那你对大脑数据的解读将是不完整的、无效的。

在第三章中，你了解到过去几十年来学者们针对说服开展了许多研究，然而以往的模型忽视了大脑潜意识发挥的作用。你还了解了说服路径，将信息从原始大脑带到理性大脑，即"自下而上效应"。神经地图显示，说服信息只有在最开始时才会影响大脑的底部，即原始大脑，原始大脑对特定刺激做出反应之后，说服信息才能起作用。一旦原始大脑"参与"处理一条信息，说服影响就会辐射到大脑顶部，即理性大脑，理性大脑倾向于更有秩序地处理信息。最后，你了解到神经地图可以解释 188 种认知偏误。

在第四章中，你知道可以使用 6 种刺激来说服原始大脑。切身刺激可以使你的信息与受众的挫折或痛苦建立相关性。反差刺激通过对比两种情况，加速消费者决策，让他们轻松做出最佳选择；可感刺激有助于提高说服对象认知的流畅性，在处理信息时避免能量消耗和干扰；易记刺激能够被自动保留，受众会将信息的关键元素进行编码，然后保存在短期记忆中；可视刺激能够吸引原始大脑中负责制定决策的默认感官通道；情绪刺激能够促使激素和神经递质混合作用，没有情绪的信息无法启动决策行为。

6 种刺激共同推动你的营销信息获得成功，实现最佳说服效果。同时，神经评分工具可以对你的信息进行打分，帮助你改进信息，提升信息的说服效果。在投放信息之前，你可以查看附录里的评分工具，快速核算信息得分。最后，神经象限还提供了一个简单的工具，能帮你优化信息的影响效果。

在第五章中，你了解到诊断痛苦可以帮助你发现那些影响消费者行为的关键决策驱动因素。天性引导我们的注意力，唤醒我们内心的恐惧，因此，一个产品或解决方案如果可以清楚表达出能够消除哪些痛点，就会引起我们更多思考，让我们产生更强的紧迫感。一旦你成功地诊断出最大痛点，你就可以对痛点的重要性进行量化，然后建立有相同痛苦经历的重要消费者群体。最后，我们建议你进行一些神经营销研究，确定通过哪些对话可以诊断痛点。

在第六章中，你会发现原始大脑喜欢简短和易于发音的信息，列举 3 条产品特点主张最有成效。而且，信息排版需要方便阅读、字体适宜，以保证阅读流畅。利用色彩在背景和目标物体之间制造反差，这样有利于大脑处理信息。要打磨你的广告词，让人过目不忘。使用排比是个好办法，如"保护××，保护××，保护××"。以同一字开头、首字叠用、押韵都是有效的方法。韵律可增强听觉上的吸引力。

在第七章中，你了解到潜在客户相信的价值要比你谈的价值重要。所以，你需要将他们的价值收益最大化，还要提供增益的最佳证据。此外，你需要让潜在客户的原始大脑迅速理解你展示的价值。这意味着你的演示要足够简单明了，普通人也能理解。用客户证词支持你的产品展示、数据统计及发展愿景。最后，将演示重点放在解决方案的独特之处上，也就是说，体现在每一段产品特点主张（广告词）里。

在第八章，也是最后一章中，你了解到最有效的信息包括 6 个说服元素。

- 抓住注意力：通过一种简短而有效的方式传达你的价值主张，这种方式比使用文字产生的效果更好，并且通常能够重新唤醒客户想要消除的痛苦。
- 产品特点主张：客户应该购买的三大理由。
- 大图形：用一个简单的图形说明你的产品、服务或想法如何影响潜在客户或受众。

- 收益证据：原始大脑进化程度不高，容易产生怀疑，所以你应该提供简单有力、有效的证据，证明你的价值。
- 异议转化：当你的客户表现出抵制时，你要将他们的反对意见转化为积极的情绪。
- 收尾：再次重复你的产品特点主张，问"你觉得怎么样"，等待他们的反馈，并询问"我们接下来该如何做"，等待他们回复。

使用 7 种说服催化剂，可以进一步提升你说服别人的能力。

- 讲述故事，控制情绪交流的节奏，把受众带进不同的场景。
- 证据可信。
- 用"你"交流。
- 运用反差，以增加说服的影响力。
- 多元教学模式，选择最有效的方式传达你所介绍的概念。
- 激发情感，就能加快决策。
- 精简信息，信息越多越容易混乱，说服力反而会降低。

现在，富有挑战性的工作开始了。当你开始运用神经地图时，你会有很多选择。我们建议你找出目前销售和广告信息中最薄弱的环节，你可以参考以下问题。

- 你是否正在解决消费者最关切和最紧迫的痛点？
- 你是否制定了真正具有差异性的信息？你是否在销售产品的独特性、使用产品特点主张？
- 关于收益，你是否提出了令人信服、无可争辩的证据？
- 你的信息是否易于理解并让人印象深刻？它是否触及原始大脑？

第一，关注链中最薄弱的环节可能是逻辑，我们建议你按照4个说服步骤去检查。先诊断痛点，再从痛点那里继续。根据我们的经验，即使你已经开展了关于痛点的研究，或者已经确立了你们的产品特点主张，或者已经展现了你的价值主张（收益），省略步骤将会削弱神经地图的作用。重新思考原始大脑的工作方式和这些概念将极大地简化复杂信息的传播策略。

第二，基于价值主张的成本效益比，确定你能否负担得起目前广告刺激对神经效应的研究或评估。成本效益比比值越高，说明此项研究越值得投资。大多数公司通常将毛利的10%用于产品广告方案研究。

第三，确认谁是这一进程的利益相关方。你应该自己做决定，或者让你的执行团队参与。使用神经地图与你的执行团队一起建立一套包含痛点、产品特点主张、收益和原始大脑在内的明确概念，为未来几年的营销活动和信息策略奠定基础。

第四，确定组织中还有谁可以从神经地图中受益。学习用有效的方法提出价值主张。由于神经地图是战略性工具，在与团队其他成员共享结果之前，要求销售、市场营销和研发主管等高层管理人员参与该过程。

第五，客观地评估你的内部资源和能力，成功地创造神经创意资产。虽然该模型很容易学习，但它还是需要经常"忘却"，这一点有些人无法做到或者不愿这么做。

解决上述所有问题后，你就可以轻松确定你所需的外部帮助或支持了。

希望你享受这段旅程。现在，你完全可以有效说服他人！

神经地图：简化的神经评分工具

如果你没有时间或预算开展全面的神经营销评估，我们建议用 24 个问题给你的信息评分。每个问题都经过了数百条广告的测试，它们成功地评估和改进了这些广告。这一简化工具的目的是识别那些无法触发自下而上效应的信息。为了练习，假定你正在评估你的网站主页的质量。使用 6 种刺激提出价值主张，优化信息，以便受众原始大脑对其进行处理。这里有几个问题可以对你的操作进行评价。

刺激的神经评分

切身（P）

（1）你的信息是否清楚地唤起了消费者经历的挫折或威胁，表明你的产品或服务可以解决他们的问题？

（2）信息是不是以客户（"你"）为中心，还是只关注公司或产品？

（3）是否明确无法克服痛苦 / 挫折的后果（金钱损失、更高风险、心理压力等）？

（4）信息是否在强调解决痛苦的紧迫性？

反差（C）

（1）信息是否使用了产品特点主张？

（2）产品特点主张能否明确地消除或解决某项特定的痛苦？

（3）产品特点主张是否有助于产生强烈反差，比如"使用前和使用后的效果"？

（4）收益 / 产品特点主张是否真正独一无二？是否具有原创性？

可感（T）

（1）是否每条产品特点主张 / 核心收益都能展示或证明客户的故事、演示、数据或愿景真实可信？

（2）是否使用了类比或隐喻来减少人们在信息收益上的认知消耗？

（3）受众在 5 秒内对产品或解决方案的理解可以达到何种程度？

（4）总体而言，信息是否意在以最小的认知负担抓住受众的注意力（使用更多视觉效果和更少文本）？

易记（M）

（1）产品特点主张是否便于记忆？

（2）产品特点主张是否少于三条？

（3）产品特点主张是否重复？

（4）在对产品或解决方案进行选择和决策时是否对信息进行了简化？

可视（V）

（1）页面是否有突出的视觉效果（使用鲜明而清晰的颜色，限制颜色数量，选择明显的轮廓）？

（2）是否使用至少一种强烈的视觉呈现方式，从客户角度看待解决方案的价值？

（3）主页是否超过 70% 可视？

（4）总体来说，受众可否不阅读任何文字或过度思考就能理解方案的整体价值？

情绪（E）

（1）信息是否首先吸引受众原始大脑，而不是让受众先开始解释内容（自下而上效应）？

（2）是否有明确的行动召唤导向交易决策？

（3）从威胁／挫折（痛苦）的再现到痛苦的解除是否促进了客户的情绪转变？

（4）信息传达收尾时能否让受众产生预期？

使用以下表格进行神经评分。

		你的得分	圈出你总分的级别
P	1. 你的信息是否清楚地唤起了消费者经历的挫折或威胁，表明你的产品或服务可以解决他们的问题？ 2. 信息是不是以客户（"你"）为中心，还是只关注公司或产品？ 3. 是否明确无法克服痛苦／挫折的后果（金钱损失、更高风险、心理压力等）？ 4. 信息是否在强调解决痛苦的紧迫性？	你的得分 （是 =10；否 =0）	圈出你总分的级别 40=A 30=B 20=C 10=D 0=F
C	1. 信息是否使用了产品特点主张？ 2. 产品特点主张能否明确地消除或解决某项特定的痛苦？ 3. 产品特点主张是否有助于产生强烈反差，比如"使用前和使用后的效果"？ 4. 收益／产品特点主张是否真正独一无二？是否具有原创性？	你的得分 （是 =10；否 =0）	圈出你总分的级别 40=A 30=B 20=C 10=D 0=F
T	1. 是否每条产品特点主张／核心收益都能展示或证明客户的故事、演示、数据或愿景真实可信？ 2. 是否使用了类比或隐喻来减少人们在信息收益上的认知消耗？ 3. 受众在 5 秒内对产品或解决方案的理解可以达到何种程度？ 4. 总体而言，信息是否意在以最小的认知负担抓住受众的注意力（使用更多视觉效果和更少文本）？	你的得分 （是 =10；否 =0）	圈出你总分的级别 40=A 30=B 20=C 10=D 0=F

（续表）

		你的得分 （是 =10；否 =0）	圈出你总分的级别
M	1. 产品特点主张是否便于记忆？ 2. 产品特点主张是否少于三条？ 3. 产品特点主张是否重复？ 4. 在对产品或解决方案进行选择和决策时是否对信息进行了简化？	你的得分 （是 =10；否 =0）	40=A 30=B 20=C 10=D 0=F
V	1. 页面是否有突出的视觉效果（使用鲜明而清晰的颜色，限制颜色数量，选择明显的轮廓）？ 2. 是否使用至少一种强烈的视觉呈现方式，从客户角度看待解决方案的价值？ 3. 主页是否超过 70% 可视？ 4. 总体来说，受众可否不阅读任何文字或过度思考就能理解方案的整体价值？	你的得分 （是 =10；否 =0）	40=A 30=B 20=C 10=D 0=F
E	1. 信息是否首先吸引受众原始大脑，而不是让受众先开始解释内容（自下而上效应）？ 2. 是否有明确的行动召唤导向交易决策？ 3. 从威胁 / 挫折（痛苦）的再现到痛苦的解除是否促进了客户的情绪转变？ 4. 信息传达收尾时能否让受众产生预期？	你的得分 （是 =10；否 =0）	40=A 30=B 20=C 10=D 0=F

最后，通过以下方式计算你的神经地图得分。

神经地图得分	刺激程度	说服影响
A	200~240	你的信息说服力很强
B	160~199	你的信息说服力中等
C	120~159	你的信息无倾向性
F	<120	你的信息没有说服力

知道各项刺激的得分后，你可以用下面的表格判断你的说服力级别。

使用神经象限

你可以用神经象限图找到提升自下而上效应的方法，或者探索改进信息的方式。下面的表格可以帮你确定你的信息处于什么等级。

	如果你的等级属于这种情况	那么你的信息属于神经象限	平均等级	等级	等级	等级
切身和反差 反差	切身和反差 低于 B	3（中性）	A/B	C 或 C 以下	A/B	A/B
可感 易记	可感和易记 低于 B	4，1 或 2	A/B	任意	C 或 C 以下	A/B
可视 情绪	可视和情绪 低于 B	4，1 或 2	A/B	任意	任意	C 或 C 以下
神经象限			1	3	4	2

致谢

　　记忆中有很多人给我们提供了帮助，让我们得以完成这本书。首先我最想感谢的是客户们——他们给我们提供了很多案例，并允许我们在本书中使用它们。没有他们的支持，我们无法在书中展现我们工作的价值。

　　其次，书中提到的创新性内容都来自与盖尔·达默特（Gail DaMert）博士、布赖恩·格雷（Bryan Gray）、迈克·伦德尔（Mike Rendel）、本森·李（Benson Lee）和埃利奥特·莫林（Elliott Morin）长期的合作。他们的才能、灵感、努力让神经地图的原则以精妙的图表、图解、视频、网页以及更多鲜活可视的形式呈现在读者面前。

　　最后，要感谢审读者和编辑在本书出版过程中的投入。基利·斯拜尔（Keely Spare）和邦尼·布赖特（Bonnie Bright）博士给我们提了多项建议，本书收录了他们的诸多深刻见解。

作者介绍

克里斯托弗·莫林博士拥有 30 多年营销和业务拓展经验，热衷于用神经科学解释和预测消费者行为。在建立销售脑公司之前，他曾担任 rStar Networks 公司的首席营销官。rStar Networks 是一家上市公司，开发了美国最大的私人网络并将其铺设至全美的学校。在此之前，他还担任全球最大零售公司 Grocery Outlet 公司的副总裁，负责营销和合作培训。他在职业生涯中多次荣获奖项。在 2011 年和 2013 年，他获得了伟事达国际（Vistage International）久负盛名的演讲大奖。在 2011 年、2014 年和 2015 年，他获得了一个"伟大头脑研究奖"（Great Mind Research Award）和两个广告研究基金会（ARF）的荣誉奖项。

克里斯托弗拥有博林格林州立大学（Bowling Green State University）的营销学学士和工商管理硕士学位，以及菲尔丁研究生大学的媒体心理学硕士和博士学位。他是研究广告对青少年大脑影响领域的专家。他还是菲尔丁研究生大学的兼职教师，教授媒体神经科学方面的数门课程。2011—2016 年，他是神经营销科学和商业协会（NMSBA）董事会的创始成员。

帕特里克·任瓦茨是复合销售和信息策略领域的专家，在这些领域，他取得了优异的成绩。他领导美国硅图的全球业务拓展工作，作为执行主任，负责 LinuxCare 的业务拓展。在探求信息影响效果的兴趣的驱动下，帕特里克转向神经科学和心理学方面的研究。他花了两年时间进行研究，就信息如何作用于大脑建立了一个以科学实证为基础的模型，这成了神经地图的基础。他还帮助全球多家企业向其消费者传递信息，并使其真正理解。

帕特里克拥有法国国立应用科学学院（National Institute of Applied Sciences，法国里昂）的计算机科学硕士学位。他是销售脑公司的首席神经营销官和联合创始人。